최고의 하나님을 맛보라

A Godward Life

Originally published in English under the title
A Godward Life by **John Piper**
Copyright © 1997 John Piper
Published by Multnomah Publishers, Inc.
601 North Larch Street
Sisters, Oregon 97759 USA
All rights reserved.

Korean translation Copyright © 2006 by GoodSeed Publishing

본 저작물의 한국어판 저작권은 Multnomah Publishers, Inc.과
독점 계약한 〈좋은씨앗〉에 있습니다.
신저작권법에 의하여 한국 내에서 보호받는 저작물이므로
무단전재와 무단복제를 금합니다.

최고의
하나님을 맛보라

존 파이퍼 지음 | 차성구 옮김

SAVORING
THE SUPREMACY
OF GOD IN ALL
OF LIFE

좋은씨앗

Originally published in English under the title:
A Godward Life by John Piper
Copyright © 1997 by Desiring God Foundation
Published by Multnomah Books
an imprint of The Crown Publishing Group
a division of Random House, Inc.
12265 Oracle Boulevard, Suite 200
Colorado Springs, Colorado 80921 USA

International rights contracted through:
Gospel Literature International
P.O. Box 4060, Ontario, California 91761-1003 USA

This translation published by arrangement with
Multnomah Books, an imprint of The Crown Publishing Group,
a division of Random House, Inc.

Korean edition © 2000 by GoodSeed Publishing

최고의 하나님을 맛보라

초판 1쇄 발행 | 2000년 6월 1일
3판 1쇄 발행 | 2012년 3월 30일
3판 5쇄 발행 | 2016년 5월 30일

지은이 | 존 파이퍼
옮긴이 | 차성구
펴낸이 | 신은철
펴낸곳 | 좋은씨앗
출판등록 | 제4-385호(1999. 12. 21)
주소 | 서울시 서초구 바우뫼로 156 엠제이빌딩 402호
주문전화 | (02) 2057-3041
주문팩스 | (02)2057-3042
페이스북 | facebook.com/goodseedbook
ISBN 978-89-5874-184-8 03230

본 저작물의 한국어 판권은 Multnomah와 독점계약한 〈좋은씨앗〉에 있습니다. 저작권법에 의하여 한국 내에서 보호를 받는 저작물이므로 무단 전재와 무단 복제를 금합니다.

존 파이퍼와 함께하는 하나님 묵상

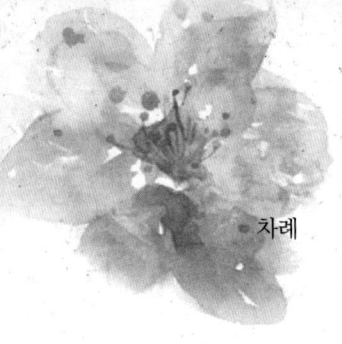

차례

들어가기 전에... 8   서문... 11

제1부 하나님, 그 높으신 영광 ... 23

하나님의 하나님 되심을 즐거워하라 | 하나님만 온전히 사랑하라 | 자비하심의 탁월한 원천 | 위엣것을 바라보라 | 하나님께 감동된 자 | 기쁨을 배우는 고통의 과정 | 꽃 한송이의 깨달음 | 왜 미워하시지 않는가? | 헛된 경배에 빠지지 않게 하소서 | 진정한 변화에 이르는 길 | 두려움과 기쁨은 공존할 수 있는가? | 당신은 과거의 노예가 아니다 | 모든 천사가 그와 함께 오리라 | 내게 일어난 일은 중요하지 않다

제2부 하나님, 그 놀라운 주권 ... 77

하나님께서 인도하시는 네 가지 방법 | 졸지 아니하시는 하나님 | 폭력, 추악함, 믿음 그리고 감사 | 무신론을 위한 자리 | 때를 따라 돕는 은혜 | 하나님의 진노에서 벗어나라 | 고귀하고 능력 있는 꾸짖음 | 하나님도 후회하시는가? | 다시 태어나라는 명령 | 고통과 하나님의 능력 | 그 말들이 바람 같은 것이라면 | 하나님 중심적인 자세 | 하나님께서 가정을 만드신 이유 | 가이사의 것은 가이사에게 | 이 세상에서 나그네로 섬기기

제3부 하나님, 그 신실하신 약속 ... 139

말씀 파급의 효과 | 성경적 관점으로 돌아가라 | 지성을 엄격히 훈련하는 이유 | 마음에 서원한 것 | 기도가 없으면 능력도 없다 | 진리를 따라 사는 삶 | 과거의 역사에서 배우라 | 반드시 이루어질 일을 위해 기도하라 | 높은 산은 시기의 대상이 아니다 | 기도와 예정 | 하나님과 교제하는 법 | 하나님은 언제 응답하시는가? | 신앙 서적의 긍정적인 효과

제4부 하나님, 그 장래의 은혜 ... 197

장래의 은혜 | 소고 치며 즐거워하리라 | 선을 행하려는 열심 | 죽음으로 유익을 얻음 | 목마름에 대한 묵상 | 눈물 | 왜 죽음에서 살아나셨다고 믿는가? | 감사와 우상 숭배 | 소경이 된 아이를 위한 소망의 글 | 약속의 자녀를 주소서 | 영혼의 닻을 천국에 내렸는가?

제5부 하나님, 그 택하신 사람들 ... 241

참 크리스천은 누구인가? | 신령한 공동체로 살아가기 | 자기 연민 그리고 섬김 | 하나님 안에서 늙어가려는 결심 | 죄를 소멸시키는 실제적인 방법 | 온전한 사랑의 실천 | 영적 전쟁터에서 들려오는 함성 | 행복과 사랑 사이 | 자녀답게, 합당하게 행하라 | 잘하는 것과 조금 더 잘하는 것 | 가정 제단의 힘 | 거룩하고 아름다운 삶

단 한 줄의 글이 불씨가 되어

들어가기 전에

책으로 사람이 변화되지는 않는다. 그러나 책 속의 여러 문단으로, 때로는 단 몇 줄의 문장으로 사람이 전격적으로 변화된다. 1968년 어느 가을 오후, 파사디나 콜로라도 거리의 서점에서 있었던 일을 아직도 생생하게 기억한다. 그때 나는 C. S. 루이스의 「영광의 무게」(홍성사 간)의 첫 페이지를 읽고 있었다. 아마 그 다음 페이지들을 읽지 않았더라도 내 인생은 영원히 변화되었을 것이다. 그 책은 몇 문장으로 요약할 수 있다.

"우리 인간은 어리석은 피조물이다. 무제한적인 쾌락이 제공되면, 음주와 섹스와 야망에 빠져 시간을 허비하려 들기 때문이다. 그것은 휴가를 해변에서 보내라는 제안이 무슨 의미인지 상상조차 할 수 없기 때문에 빈민가에서 계속 진흙 파이를 만들고 싶어하는 무지한 아이와 같다. 우리는 너무 쉽게 쾌락에 빠진다."

거의 30년이 지난 지금도 나는 그때의 놀라운 깨달음과 전율을 느낀다. 그와 같은 일은 다시 일어나지 않았다. 단 한 단락에서 얻은 깨달음과 결단력 있는 행동이 뒤따랐을 뿐이다.

이런 경험은 나만 한 것은 아니다. 지금으로부터 약 1600년 전인 386년 8월 초, 성 어거스틴은 영적으로 혼란한 상태에 빠져 있었다. 밀란에 있는 정원에서, 그는 무화과나무 아래 엎드려 하염없이 눈물을 흘렸다. "나는 머리카락을 쥐어뜯고 이마를 주먹으로 쳤다. 그리고 웅크리고 앉아 두 손으로 무릎을 꼭 안았다." 그때 그는 한 소리를 들었다. "노래하는 목소리의 주인이 소년인지 소녀인지 구분할 수는 없었지만, 그 노래는 '펴서 읽으라, 펴서 읽으라'는 내용을 반복하고 있었다."

어거스틴은 이 소리를 "성경을 펴서 제일 먼저 눈이 가는 구절을 읽으라는 하나님의 명령"으로 받아들였다. 그는 성경을 펴서 읽었다. "낮에와 같이 단정히 행하고 방탕과 술 취하지 말며 음란과 호색하지 말며 쟁투와 시기하지 말고 오직 주 예수 그리스도로 옷 입고 정욕을 위하여 육신의 일을 도모하지 말라"(롬 13:13-14). 단 두 문장 속에서 그의 매듭은 풀렸다. "나는 더 이상 읽고 싶지 않았고 그럴 필요도 없었다. 그 문장의 마지막 부분에 다다르자 순식간에 확신의 빛이 마음속으로 흘러들어와 모든 의심의 어두움을 몰아내는 것 같았다"라고 그는 말했다.

루터는 사도 바울의 위대한 선언인 로마서 1장 16-17절을 통해 변화되었다. 조나단 에드워즈에게는 디모데전서 1장 17절이 삶의 전환점이었다. 존 웨슬리는 루터의 「로마서 주석」(크리스찬다이제스트 간) 서문을 접한 후에 변화된 모습을 보여주었다.

그런 예는 얼마든지 더 있다. 요점은 이것이다. 많은 책을 읽는 것은 나무를 한 곳에 모으는 것과 같지만, 거기에 불을 지르는 것은 단 하나의 문장이다. 마음에 남는 지울 수 없는 흔적은 여러 페이지를 마음 자리에 태워서 생기는 것이 아니라 하나님께서 불을 지펴 벌겋게 달궈놓으신 뜨거운 인두 같은 한 문장으로 선명하게 찍히게 된다.

하나님께서 당신의 마음에 이 책에 쓰인 단 하나의 문장이나 단락을 통해 불을 지피시기를 기도한다. 이 책의 글들을 한데 모아놓은 원동력은 "하나님의 주권을 삶의 모든 영역에서 느끼라"는 요청이다. 그와 같은 갈급함을 일깨우고 채워주는 것이 이 글을 쓰는 목적이다.

하나님을 경외하는 삶

서문

어떻게 보면 내 말이 모순처럼 들릴 수도 있다는 것을 인정한다. 나는 지금 성경이 아닌 다른 책, 즉 당신이 지금 손에 들고 있는 책을 읽으라고 권면하고 있다. 하지만 이 책이 강조하는 것은 성경을 읽는 것이야말로 참으로 가치 있는 일이라는 사실이다. 나는 다음과 같은 존 웨슬리의 말을 좋아한다.

> 나는 하루살이 인생이다. 나는 하나님으로부터 와서 하나님으로 돌아갈 존재다. 내가 알고 싶은 일이 하나 있다. 하늘로 가는 길이다. 그 길을 나에게 가르쳐주시기 위해 하나님께서 친히 낮아지셨다. 하나님께서는 그 사실을 어떤 책에 기록해놓으셨다. 나에게 그 책을 주시오! 어떤 대가라도 치를 테니 하나님의 책을 나에게 주시오. 그 책으로 나의 전부가 되게 할 것이니.

그 책은 바로 귀중한 하나님의 말씀, 성경이다. 오로지 성경 속에서 하늘에 이르는 길을 발견할 수 있다. 오로지 성경을 통해 하나님을 경외하는 삶을 배우게 된다.

이것이 모순처럼 들리는가? 그렇다면 한 가지 사실을 더 살펴보자. 성경은 하나님께서 인간 교사들을 불러서 당신의 책을 설명하고 적용하게 하셨다는 것을 말해주고 있다. 안디옥 교회에는 바나바와 니게르라 하는 시므온과 구레네 사람 루기오와 분봉왕 헤롯의 젖동생 마나엔과 및 사울과 같은 '교사들'이 있었다.

바울은 고린도전서 12장 28절에서 이렇게 말했다. "하나님께서 교회 중에 몇을 세우셨으니 … 셋째는 교사요 …" 에베소서 4장 11절에서는 "그(그리스도)가 … 혹은 목사와 교사로 주셨으니"라고 말하고 있다. 또한 디모데전서 3장 2절을 통해 교회의 감독은 '가르치기를 잘하는' 사람이어야 한다고 말하고 있다. 그러므로 교사들은 하나님께서 당신의 백성들을 위해 계획적으로 세우신 자들이다. 그들의 직분은 성경을 설명하고 적용함으로써 사람들이 성경을 이해하고 믿으며, 성경에 합당하게 살아갈 수 있도록 돕는 것이다.

여러 교사들은 저술 활동을 했다. 다른 사람들에 대해서는 뭐라 말할 수 없지만, 내 경우에 있어서 글쓰기는 필수 불가결한 일이다. 나는 생각하고 있는 바를 글로 나타내기 전에는 완전히 지워버릴 수 없다. 물론 그 속에는 많은 결점들이 포함되어 있다. 나는 존 칼빈이나 성 어거스틴은 아니지만 그들과 마찬가지로 이렇게 말하곤 한다. "나는 내가 깨달은 것을 기록하고 기록하면서 배우는 자라고 생각한다."

하지만 아무리 많이 배우고 많은 말을 하더라도, 교사가 곧 성경은 아니다. 우리는 모두 "거울로 보는 것 같이 희미하게"(고전 13:12) 알고 있을 따름이다.

야고보 사도 역시 "많이 선생이 되지 말라"고 경고한다. 왜냐하면 "우리가 다 실수가 많기"(약 3:1-2) 때문이다.

그러나 서글프게도 많은 크리스천들이 다음과 같은 시편 기자의 말을 빌어 함부로 말하는 경향이 있다. "내가 주의 증거를 묵상하므로 나의 명철함이 나의 모든 스승보다 승하며"(시 119:99). 성경은 여호와 하나님의 증거이지 사람의 가르침이 아니다. 그 증거는 "우둔한 자로 지혜롭게"(시 19:7) 한다. 많은 교사들이 성경에 대해 거의 언급하지 않는다. 그런 교사들의 말은 마치 풀과 같다. "풀은 마르고 꽃은 떨어지되 오직 주의 말씀은 세세토록 있도다"(벧전 1:24-25).

세세토록 있는 그 말씀을 가르치는 것은 '성경을 쏟아내는' 행동의 하나다. 찰스 스펄전은 존 번연에 대해 이렇게 말했다. "그의 몸 어디든지 찔러보라. 그러면 그의 피가 온통 성경 구절들로 가득 차 있음을 알게 될 것이다. 성경의 진수가 그의 몸에서 흘러나온다. 그는 성경 본문을 인용하지 않고서는 말을 하지 못했다. 왜냐하면 그의 영혼이 하나님의 말씀으로 가득 차 있었기 때문이다." 하나님께서는 당신의 거룩한 말씀을 가르치는 교사들을 세우셨으나, 그 교사들이 '하나님의 말씀으로 충만' 하기를 원하신다. 성경은 "그들에게서 흘러나와야 한다." 그들의 피 — 그들의 저술들 — 는 '성경적' 이어야 한다.

가르침은 교회 내의 유일한 은사가 아니다. 가르치는 일을 맡은 입이, 물건을 잡는 손이나 걸어다니는 다리에게 "내가 너를 쓸데없다"(고전 12:21)라고 말할 수 없다. 몸의 지체 사이에는 상호 작용이 이루어진다. "가르침을 받는 자는 말씀을 가르치는 자와 모든 좋은 것을 함께하라"(갈 6:6). 이 말은 "목회자에게 사례를 지급하라"는 의미만 내포하고 있지 않다. 이 속에는 가르치는 자들은 가르침을 받는 자들의 '모든 좋은 것'을 필요로 한다는 의미도 담겨 있다. 나는 우리 교인들과 사랑을 나눌 때 울려퍼지는 진리의 메아리 없이는 살아갈 수 없다.

이 책은 교회에서 교사로 부름 받은 나의 소명으로부터 흘러나온 결과물이다. 나는 17년 이상 베들레헴 침례교회의 양떼들에게 설교했다. 하지만 목회자에게는 주일과 수요일에 설교 단상에서 전할 수 있는 것보다 더 많은 말이 남아 있기 마련이다. 성경은 하나님과 그분의 길에 대한 통찰력을 제공해주는 마르지 않는 원천이기 때문이다.

나는 이 교회에서 사역한 17년 동안 일주일에 한 번꼴로 교인들에게 목회 서신을 보냈다. 이 책은 그런 묵상들 가운데 뽑아낸 내용들이다. 책 속에 담긴 글들은 대부분 성경에 대한 묵상으로 구성되도록 계획했다. 몇몇 글은 개인적이거나 사회적인 적용에 초점을 맞춘 내용도 있다. 그외의 모든 글은 성경에 대한 설명과 묵상에 중심을 두고 있다. 어떤 경우이든 암시적으로 또는 명백하게 성경적인 진리를 드러내는 것을 목표로 삼았다. 편지들이 삶 속에서 항구적인 유용성을 지니도록 하기 위해 많은 주의를 기울였다.

많은 목회 편지들이 세월의 흐름 속에서 사라져버렸다. 어떤 것들은 교회의 범위 속에서 이해될 수 있는 문제에만 제한적으로 초점이 맞춰져 있었다. 우리 교회가 매년 12월에 예산 부족에 시달렸다는 사실을 듣고 싶어하는 사람이 어디 있겠는가?

하지만 그 가운데 어떤 글들은 우리 교회의 범위를 넘어 어느 시대에나 그리스도를 높여드리기에 합당한 영속적인 타당성과 성경적인 바탕을 충분히 지니고 있다고 믿는다. 이 말이 사실인지의 여부는 시간이 말해줄 것이다.

한 교회에서 17년 넘게 사역하면서 깨달은 놀라운 사실은, 교회 사역과 목회자의 사역이 하나로 합쳐지는 경향을 보인다는 것이었다. 베들레헴 교회에서는 그 말이 실제로 나타났다. 우리는 모든 민족들에게 기쁨을 전하기 위해 하나님의 주권에 대한 열정을 모든 영역에서 널리 퍼뜨리는 것을 존재의 이유로 삼았다. 그것이 바로 우리 교회의 사역이었으며, 목회자인 나의 사역이기도 했다. 나의 모든 말과 글과 삶은 언제나 다음과 같은 기준에 맞춰 판단되었다. "나의 행동이 하나님의 주권에 대한 열정을 널리 드러내고 있는가?"

이와 같은 생각들을 하나로 묶어주는 끈이 있다면, 그것은 하나님의 주권을 모든 영역에서 음미하기 위한 내 삶의 부단한 목표다. 따라서 그런 내용을 이 책의 제목으로 삼았다. '맛본다'는 말은 적절한 표현이다. 하나님의 주권은 단순한 개념이 아니다. 어떤 장엄한 사실도 아니다. 그것은 감미로운 사실이다. 하나님께서는 최상의 존재로 드러나는 것이 당연하다. 동시에 우리는 그분의 행하심을 맛보고 음미해야 한다. "너희는 여호와의 선하심을 맛보아 알지어다"(시 34:8). 하나님의 선하심과 거룩하심, 능력과 지식, 그리고 그의 공평하심과 지혜의 뛰어나심은 우리 마음에 꿀과 같고 우리 영혼의 보고를 채우는 정금과 같다. 하나님께서는 우리가 그분의 속성과 행하심을 진심으로 깨닫고 마음 깊이 음미하고 맛보기를 원하신다.

나는 조나단 에드워즈가 하나님의 주권을 찾으려 했던 방법에 따라 하나님의 뛰어나심을 느껴보려 한다.

> 내 마음은 눈으로 직접 볼 수 있는 다른 어떤 것보다 하나님의 절대적인 주권으로 인하여 안심하고 평안함을 누린다 … 하나님의 주권에 대한 교리는 종종 엄청나게 유쾌하며, 명백하고, 감미롭게 여겨진다. 절대 주권은 내가 하나님의 속성 가운데 가장 좋아하는 것이다 … 하나님의 주권은 그분의 영광 가운데 가장 뛰어난 부분처럼 보인다. 주권자이신 하나님께 다가가며 그를 경배하는 것이야말로 무엇과도 바꿀 수 없는 기쁨이다.

이처럼 하나님의 주권과 뛰어나심을 음미하는 것은 심오하며 즐거운 의무다. "주를 찾는 모든 자로 주를 인하여 기뻐하고 즐거

위하게 하시며 주의 구원을 사모하는 자로 항상 말하기를 하나님 은 광대하시다 하게 하소서"(시 70:4). 사실 하나님 안에서 기뻐하는 것과 하나님을 높이는 것, 이 두 가지는 확연히 구별되는 별개의 것이 아니다. 이 책에 기록된 모든 묵상 제목들은 우리가 하나님 안에서 최상의 만족을 누리는 바로 그 순간에, 하나님께서 우리 안에서 가장 높이 들림을 받으신다는 확신을 바탕으로 한다.

시편 기자는 "그런즉 내가 하나님의 단에 나아가 나의 극락의 하나님께 이르리이다 하나님이여 나의 하나님이여 내가 수금으로 주를 찬양하리이다"(시 43:4)라고 노래하고 있다. 그는 자신이 누리는 극도의 기쁨이 자신의 찬양을 온전한 것으로 확증해주는 증거임을 말해주고 있다. 하나님의 아름다움과 모든 것을 만족시키시는 그분의 뛰어남은 우리 영혼이 맛보아야 할 최후의 양식이다. 아래 구절은 그러한 진리를 가장 잘 드러낸 표현 중 하나다.

비록 무화과나무가 무성치 못하며
포도나무에 열매가 없으며
감람나무에 소출이 없으며
밭에 식물이 없으며

우리에 양이 없으며

외양간에 소가 없을지라도

나는 여호와를 인하여 즐거워하며

나의 구원의 하나님을 인하여

기뻐하리로다(합 3:17-18).

바울은 "모든 것을 해로 여김은 내 주 그리스도 예수를 아는 지식이 가장 고상함을 인함이라"(빌 3:8)라는 말을 통해, 하나님의 본질이며 형상이신 예수 그리스도가 자신이 가진 모든 은사나 선물보다 더 귀하고 사모할 만한 분이라 했다. 그리스도는 우리 영혼이 음미해야 할 최후의 대상이다.

하나님의 선물은 좋은 것이다. 그 선물들은 감사함과 기쁨으로 받아야 한다. 그러나 그 선물은 하나님이 아니며 그것이 영혼을 만족케 할 최후의 양식도 아니다. 하나님의 선물은 우리의 관심을 하나님에게 향하도록 한다. "하늘이 하나님의 영광을 선포하고"(시 19:1), 우리가 누리는 모든 은사들도 그처럼 하나님의 뛰어나심을 드러낸다.

나는 현재의 모습을 솔직하게 진단하기 위해 다음과 같은 어거스틴의 말을 거듭 되돌아보곤 한다. "하나님께서는 그대가 소유하고 있는 것들에 얽매여 있는 것을 사랑하지 않으신다. 그것은 그대를 위해서 하시는 일이다."

이 글을 읽을 때마다 하나님께서 주신 많은 은사들에 대해 감사한다. 하지만 이 책이 독자들의 관심을 하나님의 은사를 구하는 태도로부터 그분 자체를 음미하는 쪽으로 옮겨놓지 못한다면, 내가 의도한 목표는 이루지 못하게 될 것이다.

하나님을 경외하는 삶은 모든 영역에서 하나님을 바라보고 음미하며 나타내기 위해 살아가는 것을 말한다. "그런즉 너희가 먹든지 마시든지 무엇을 하든지 다 하나님의 영광을 위하여 하라"(고전 10:31). 우리가 그 영광의 감미로움에 흠뻑 빠져 그분의 이름을 위하여 고통당하는 것조차 두려워하지 않고 기쁨으로 여길 때, 하나님의 영광은 가장 완전하게 드러날 것이다. "사도들은 그 이름을 위하여 능욕받는 일에 합당한 자로 여기심을 기뻐하면서 공회 앞을 떠나니라"(행 5:41).

하나님을 경외하는 삶은 하나님과 영원토록 함께 거하게 되는 상급을 끊임없이 바라보며 사는 것이다. 이런 소망은 이땅의 모든 것들을 우선시 여기는 평안함 없는 세상 속에서 헌신적인 사랑을 베풀 수 있는 능력이 된다(골 1:4-5). "잔치를 배설하거든 차라리 가난한 자들과 병신들과 저는 자들과 소경들을 청하라 그리하면 저희가 갚을 것이 없는 고로 네게 복이 되리니 이는 의인들의 부활 시에 네가 갚음을 받겠음이라"(눅 14:13-14).

그들은 하나님과 교제하는 상급을 바라보며 아낌 없는 사랑을 베풀었다. 바로 이것이 경건한 삶이다. "너희가 갇힌 자를 동정하고 너희 산업을 빼앗기는 것도 기쁘게 당한 것은 더 낫고 영구한 산업이 있는 줄 앎이라"(히 10:34). 그들은 하나님과 영원토록 함께 거하게 되는 상급을 기대하며 사랑을 베풀었다. 이것이 진정한 신앙인의 삶이다.

우리와 같은 죄인들이 그런 상급을 기대할 수 있는 유일한 소망은 우리 대신 그리스도가 당하신 죽으심에 있다. "그리스도께서도 한 번 죄를 위하여 죽으사 의인으로서 불의한 자를 대신하셨으니 이는 우리를 하나님 앞으로 인도하려 하심이라"(벧전 3:18). 그리스도가 우리 대신 죽으셨기 때문에, 죄인인 우리는 멸망당하지 않고 하나님의 거룩함 속에서 기쁨을 누릴 수 있다. 이것이 우리의 유일한 소망이다.

의로우신 분이 불의한 자들을 위해 죽음을 당하셨다. 그런 대속의 죽음 없이는 하나님을 경외하는 삶은 불가능할 것이며, 가능하더라도 오래 가지 못했을 것이다. 그리스도의 죽으심으로 말미암아 하나님의 진노가 나의 죄악된 영혼으로부터 비켜가기 전까지 하나님은 소멸하는 불이었다.

그리스도의 죽으심을 믿음으로 받아들인 후, 하나님은 내게 생명의 빛, 내 모든 소망의 끝이 되셨다. 바로 이것이 하나님을 경외하는 인생이 최후로 남길 수 있는 말이다.

> 하늘에서는 주 외에 누가 내게 있으리요
> 땅에서는 주밖에 나의 사모할 자 없나이다
> 내 육체와 마음은 쇠잔하나
> 하나님은 내 마음의 반석이시요
> 영원한 분깃이시라(시 73:25-26).

| 제1부 |

하나님, 그 높으신 영광

A   Godward   Life

하나님의 하나님 되심을 즐거워하라

하나님이 사람으로 인해 기뻐하실 수 있을까?

인간의 힘은 결코 전능하신 하나님께 영향을 미칠 수 없고, 인간의 위대함은 무한한 위대함을 가진 하나님께 비하면 아무것도 아니다. 하나님께 대적하는 자에게 이런 말은 안 좋은 소식이겠지만 믿음으로 살고자 하는 이들에게는 복된 소식이다.

시편 147편은 하나님의 하나님 되심을 즐거워하는 자들에게 소망을 가져다주는 놀라운 말씀이다. "저가 별의 수효를 계수하시고 저희를 다 이름대로 부르시는도다"(시 147:4). 그분의 뛰어나심은 우리의 상상을 초월한다. "이 지식이 내게 너무 기이하니 높아서 내가 능히 미치지 못하나이다"(시 139:6).

우리가 살고 있는 지구는 태양이라고 부르는 별의 주위를 돌고 있는 작은 행성이다. 태양은 지구보다 130만 배나 크다. 그러나 우주에는 태양보다 백만 배나 더 밝은 별들도 많다. 은하계에는 약 1천억 개의 별들이 있으며, 은하계의 길이는 10만 광년에 이른다(1광년은 대략 10조km 정도다). 태양은 1초에 250km 움직이며, 은하계에 있는 궤도를 한바퀴 도는 데에 2억 년 정도가 소요된다.

태양계가 속해 있는 것과 같은 은하계는 수백만 개에 이른다.

다시 한 번 성경 말씀에 귀를 기울여보자. 시편 147편은 하나님께서 모든 별의 수를 계수하셨다고 했으며, 뿐만 아니라 그 모든 별들을 다 이름대로 부르신다고 했다. 애완용 햄스터나 강아지 또는 토끼의 이름을 부르듯이 이름을 부르신다. 애완용 동물의 이름을 지을 때, 우리는 먼저 그들을 자세히 보고, 그들의 특성을 주의깊게 살피며, 그들에게 알맞은 이름을 생각해낸다.

캐더린 데이비스가 지은 '움직이는 모든 만물'이라는 찬송을 부를 때마다, 나는 그 가사가 너무 좋아 미소를 짓게 된다.

그분이 세우신 법칙에 따라
별들이 제 길을 돌고
태양도 제 길 따르며
순종하며 빛을 발하네

'순종하며'라는 표현이 너무나 잘 어울리지 않는가! 하나님께서는 태양의 이름을 정해놓으셨다. 그분은 태양의 이름을 부르며 해야 할 일을 일러주신다. 그리고 태양은 순종한다. 무한히 많은 별들이 모두 그렇게 순종한다. 별들과 행성들을 구성하는 요소들의 모든 분자 속에 있는 전자들뿐 아니라 로드 아일랜드 주의 계곡 바위 밑에 서식하는 돔발 상어의 아가미 속의 분자들도 순종한다.

그렇다면 과연 무엇이 하나님을 기쁘게 해드릴 수 있을까? 시편 147편 10-11절은 그 해답을 명확하게 제시하고 있다.

> 여호와는 말의 힘을 즐거워 아니하시며
> 사람의 다리도 기뻐 아니하시고
> 자기를 경외하는 자와
> 그 인자하심을 바라는 자들을 기뻐하시는도다.

세계 신기록을 세워 함박웃음을 짓는 역도 선수를 상상해보라. 분자가 다른 분자에 의해 영향을 받는다는 사실을 발견하고는 자랑스럽게 웃는 과학자를 상상해보라. 하나님께서 그런 사실들을 기뻐하지 않으시리라는 것은 천재가 아니라도 알 수 있다.

하나님의 하나님 되심을 즐거워하는 자들을 위한 좋은 소식은 하나님께서 그들을 기뻐하신다는 것이다. 그분은 측량할 수 없는 당신의 능력을 소망하는 자들을 기뻐하신다. 또 하나님의 위대함을 드러낸 시편 147편 4-5절은 약한 자를 돌보시는 하나님의 모습을 보여주고 있다.

> 상심한 자를 고치시며
> 저희 상처를 싸매시는도다
> 저가 별의 수효를 계수하시고
> 저희를 다 이름대로 부르시는도다

우리 주는 광대하시며 능력이 많으시며

그 지혜가 무궁하시도다

여호와께서 겸손한 자는 붙드시고

악인은 땅에 엎드러뜨리시는도다(3-6절).

하나님께서 하나님 되시며, 당신을 앙망하는 자(사 64:4)와, 당신을 바라는 자들(시 147:11), 그리고 당신을 사랑하는 자들(롬 8:28)을 위해 무한한 능력으로 일하고 계신다는 진리를 마음 깊이 간직하라. 하나님께서는 당신에게 의지하는 약한 자와 순전한 마음을 가진 자들의 하나님 되시기를 좋아하신다.

하나님만 온전히 사랑하라

하나님인가, 그분의 선물인가?

지금까지 내가 발견한 진리 가운데 가장 중요한 것은 "하나님께서는 내가 그 안에서 가장 만족감을 누릴 때 가장 영광을 받으신다"는 사실이다. 이 진리는 내가 목회자로서 사역할 수 있도록 이끌어준 원동력이며 내가 행하는 모든 일에 영향을 끼치고 있다.

먹거나 마시거나 설교하거나 상담하거나 무엇을 하든지 나의 목표는 내가 하는 일들을 통해 하나님께 영광을 돌리는 것이다(고전 10:31). 이 말은 내가 마음에 품고 있는 바람이 하나님의 영광을 어떻게 드높였는가를 보여주기 위해 그 모든 일들을 행하고 있다는 뜻이다.

하나님께서 설교자인 나의 필요조차 해결해주지 못한다는 의미를 설교를 통해 은연중에 드러낸다면, 나의 목회 사역은 사기 행각에 불과할 것이다. 그리스도가 내 마음에 만족이 되지 못한다면, 내가 아무리 "내가 곧 생명의 떡이니 내게 오는 자는 결코 주리지 아니할 터이요 나를 믿는 자는 영원히 목마르지 아니하리라"(요 6:35)는 그리스도의 말씀을 전한다 하더라도 사람들이 진심으로 그 말을 믿으려 하겠는가?

빵의 영광은 사람들에게 배부름을 주는 데 있다. 생수의 영광은 목마른 사람의 갈증을 해결해주는 데 있다. 우리는 여러 용도로 사용하기 위해 물을 양동이로 길어올리는데, 그런 행동으로는 깊은 산골에서 끊임없이 솟아나는 상쾌한 샘물에 영광이 돌아갈 수 없다. 갈증을 느끼는 상태에서 무릎을 꿇고 엎드려 기쁨으로 그 샘물을 마실 때 우리는 샘물의 진가를 깨닫게 되며, 그런 행동이 곧 샘물에게 영광이 된다. 우리는 그 물을 마시고 "어, 시원하다!"라는 감탄사를 연발하고(이것은 예배에 해당한다), 샘물로부터 여행을 계속 할 힘을 얻는다(이것은 섬김에 해당한다). 산골의 샘물은 우리가 그 물로 말미암아 깊은 만족감을 느낄 때 **최고의** 영광을 누린다.

안타깝게도 대부분의 크리스천들은 신앙 안에서 느끼는 기쁨이 아닌 신앙의 의무가 하나님을 영화롭게 하는 길이라고 배워왔다. 하나님 안에서 기쁨을 누리는 것이 우리의 의무라고 가르쳐 준 사람은 거의 없다. 그러나 하나님 안에서 만족함을 누리는 것은 크리스천이 의무를 다한 후에 따라오는 부산물이 아니다. 그것은 그 무엇보다 우선시 되어야 할 가장 기본적인 요구다. "여호와를 기뻐하라"(시 37:4)는 말씀은 제안이 아니라 명령이다. 그러므로 우리는 "기쁨으로 여호와를 섬기며"(시 100:2), '주 안에서 항상 기뻐'(빌 4:4)해야 한다.

목회를 하면서 가장 어려웠던 일은 교인들에게 "주의 인자가 생명보다 낫다"(시 63:3)는 사실을 분명하게 인식시키는 것이었다.

주의 인자가 생명보다 낫다는 것은 이땅에서 생명이 줄 수 있는 모든 것보다 하나님의 인자하심이 더 좋다는 말이다. 이 말은, 우리를 만족하게 하는 것은 하나님의 은사가 아니라 하나님의 영광이라는 의미다. 그분의 사랑에 깃든 영광, 그분의 능력에 깃든 영광, 그리고 그분의 지혜와 거룩한 공의로움과 선하심, 또한 그분의 진리에 깃든 영광이 우리를 만족하게 한다.

바로 이런 이유 때문에 시편 기자 아삽은 이렇게 외쳤다. "하늘에서는 주 외에 누가 내게 있으리요 땅에서는 주밖에 나의 사모할 자 없나이다 내 육체와 마음은 쇠잔하나 하나님은 내 마음의 반석이시요 영원한 분깃이시라"(시 73:25-26).

이땅에 있는 어떤 것도, 하나님께서 창조를 통해 주신 좋은 선물들도 아삽의 마음을 만족시키지 못했다. 오로지 하나님 한 분만이 그의 마음을 흡족하게 했다. 다윗도 이런 맥락에서 하나님께 이렇게 아뢰었다. "내가 여호와께 아뢰되 주는 나의 주시오니 주밖에는 나의 복이 없다 하였나이다"(시 16:2).

다윗과 아삽은, 자신들이 지닌 하나님 중심적인 갈망을 하나님께서 선물로 주신 건강과 재물과 번영으로 채울 수 없었다는 사실을 가르쳐주고 있다. 오로지 하나님만이 그 갈망을 채우실 수 있다. 하나님께서 주신 선물에 대해 감사하지 않는 것은 건방진 태도일 수도 있지만("그 모든 은택을 잊지 말지어다" — 시 103:2), 그런 선물들로부터 기쁨을 구하면서 하나님을 사랑한다고 말하면 우상숭배에 빠질 위험이 있다. "주의 앞에는 기쁨이 충만하고 주의 우편에는 영원한 즐거움이 있나이다"(시 16:11)라는 다윗의 말은 하나님을 가까이 하는 것만이 이땅에서 누릴 수 있는 가장 만족스러운 기쁨이라는 뜻이다.

다윗이 상심한 연인처럼 사모한 것은 하나님의 선물이 아니었다. "사슴이 시냇물을 찾기에 갈급함같이 내 영혼이 주를 찾기에 갈급하니이다 내 영혼이 하나님 곧 생존하시는 하나님을 갈망하나니"(시 42:1-2). 다윗이 경험하고 싶어했던 것은 하나님의 능력과 영광의 발현이었다. "하나님이여 주는 나의 하나님이시라 내가 간절히 주를 찾되 물이 없어 마르고 곤핍한 땅에서 내 영혼이 주를 갈망하며 내 육체가 주를 앙모하나이다 내가 주의 권능과 영광을 보려 하여 이와같이 성소에서 주를 바라보았나이다"(시 63:1-2). 오직 하나님만이 다윗의 마음을 만족케 하실 수 있었으며, 다윗 또한 하나님의 마음에 합당한 사람이었다. 우리 역시 그렇게 살아가도록 창조된 존재들이다.

하나님을 사랑한다는 말의 핵심적인 의미는 하나님 안에서 만족함을 얻는다는 것이다. 오직 하나님 안에서! 하나님을 사랑하는 모습에는 그분의 모든 명령들을 준행하는 복종이 포함된다. 하나님의 모든 말씀에 대한 믿음과 그분이 주신 모든 은혜에 대한 감사도 포함된다. 그러나 하나님에 대한 사랑의 본질은 하나님 한 분만을 온전히 즐거워하는 것이다. 하나님을 가장 영화롭게 하는 것은 바로 이러한 기쁨이며, 특히 우리 영혼을 둘러싼 모든 것들이 우리를 저버릴 때에도 하나님 안에서 기뻐하는 것이야말로 그분에게 최고의 영광을 돌려드리는 모습이다.

모든 인간은 이러한 사실을 성경을 통해서 뿐만 아니라 직관적으로도 알고 있다. 강제적인 의무 때문에 우리에게 봉사하려는 사람들로부터 존중받고 있다는 느낌을 받는가, 아니면 우리와의 교제 속에서 누리는 기쁨 때문에 기꺼이 봉사하려는 사람들에게서 그런 느낌을 받는가? 아내는 내가 "당신과 함께 시간을 보낼 때가 제일 행복해"라고 말할 때 자랑스럽다고 한다. 나 역시 아내가 그렇게 말해줄 때 뿌듯하다. 하나님도 마찬가지다. 우리가 그분 안에서 만족을 누릴 때, 그분은 우리로 인하여 최고의 영광을 누리신다.

아무도 하나님 안에서 누리는 완벽한 만족에 이르지 못했다. 나는 아직도 내 마음이 세상적인 평안함을 상실하고 투덜거리는 것에 대해 종종 슬퍼한다. 그러나 나는 하나님의 선하심을 오래 전부터 음미하고 있다. 지금 나는 하나님의 은혜로 말미암아 영원한 기쁨의 샘물을 알고 있으며, 사람들을 그 기쁨으로 이끄는 일에 시간을 보내는 것이 정말이지 좋다. 그리고 그들이 나와 함께 이렇게 고백할 때까지 이러한 수고를 쉬지 않을 것이다.

"내가 여호와께 청하였던 한 가지 일 곧 그것을 구하리니 곧 나로 내 생전에 여호와의 집에 거하여 여호와의 아름다움을 앙망하며 그 전에서 사모하게 하실 것이라"(시 27:4).

자비하심의 탁월한 원천

너희의 하나님 여호와는 신의 신이시며
주의 주시요 크고 능하시며 두려우신 하나님이시라
사람을 외모로 보지 아니하시며 뇌물을 받지 아니하시고
고아와 과부를 위하여 신원하시며 나그네를 사랑하사
그에게 식물과 의복을 주시나니 너희는 나그네를 사랑하라
전에 너희도 애굽 땅에서 나그네 되었었음이니라(신 10:17-19).

비천한 자를 향한 하나님의 자비하심은 그분의 초월적인 자족함에 뿌리내리고 있다. 이 말은 하나님의 광대하심을 바라며 추구하는 자들은(시 40:16) 낮은 자들에 대한 그분의 자비하심을 기뻐해야 한다는 뜻이다. 하나님께서는 고아와 과부와 나그네를 사랑함으로써 당신의 탁월한 자족함을 더욱 고귀하게 하셨다.

하나님은 모든 신들의 신이다. 그분은 모든 주의 주다. 그분은 '크고 위대하신 분이다.' 또한 그분은 강하시며 '능하신 분이다.' 그분은 '두려우신 분이다.' 그렇게 말한 후에 모세는 이러한 광대함에 바탕을 두고, 하나님이 '사람을 외모로 보지 아니하시며 뇌물을 받지 아니하시는' 분이라고 말했다.

이런 모든 요소들은 하나님의 탁월한 자족함을 더욱 강조한다. 하나님께서는 뇌물을 받지 않으신다. 왜냐하면 뇌물을 받으실 이유가 없기 때문이다. 그분은 온 세상의 재물을 다 소유하고 계시며 뇌물을 주는 자들까지 다스리신다. 그분에게 뇌물이 통하지 않는 것은 촛불이 태양 앞에서 빛을 잃는 것과 같다. 진정한 아름다움은 거울 속에 비친 모습 그 너머에 있는 것과 마찬가지 원리다.

또한 모세는 하나님께서 편견을 가지고 있지 않다고 말했다. 이 말은 그분이 특별한 대우를 통해 특정한 사람들의 비위를 맞추려 하지 않으신다는 뜻이다. 편견은 일종의 뇌물이다. 단지 금전이 아닌 호의적인 대우로 비위를 맞춘다는 차이밖에 없다. 하나님께서는 편견을 가질 필요가 없기 때문에 편견을 초월하신다. 하나님은 어떤 일을 행하실 때 강압적인 방법들을 택하지 않으신다. 무슨 일이든 행하실 능력이 있기 때문이다. 편견은 정의의 중요성을 인식하지 못할 때 생긴다. 하나님께서는 정의를 행하실 수 있을 뿐 아니라 모든 정의의 원천이 되신다. 그분은 자신 외의 어느 누구에게도 의존하지 않으신다. 그분은 외부의 도움이 전혀 필요하지 않는 초월적 자족함에 거하신다.

이제 본문 가운데 가장 중요한 부분이다. 하나님의 초월적인 자족함을 근거로 모세는 이렇게 말한다. "고아와 과부를 위하여 신원하시며 나그네를 사랑하사 그에게 식물과 의복을 주시나니" (신 10:18).

하나님께서는 부자들의 뇌물을 받지도 않으며 편파적으로 구제를 베풀어야 할 정도로 부족한 상태에 계시지도 않다. 그러므로 그분은 뇌물을 바칠 수 없는 자들과 편애를 이끌어낼 만한 것들이 전혀 없는 자들을 위해 일하신다. 고아와 과부와 나그네가 바로 그들이다. 비천한 자들을 향한 하나님의 자비하심이 그분의 초월적인 자족함에 뿌리를 내리고 있다고 말한 것은 바로 이런 이유 때문이다.

이제 19절에 하나님의 명령이 제시된다. "너희는 나그네를 사랑하라 전에 너희도 애굽 땅에서 나그네 되었었음이니라"(신 10:19). 낮은 자들에게 자비를 베풀어야 하는 이유는, 우리가 초월적으로 자족한 상태에 있기 때문이 아니라 하나님의 초월적인 충만함에서 나오는 은혜를 받은 수혜자들이기 때문이다.

만물 위에 뛰어난 하나님은 우리를 위해 일하시며 우리로 하여금 그로 인하여 만족함을 얻게 하신다. 그렇기 때문에 우리는 비천한 상태에서도 하나님과 결합될 수 있다. 행위라는 뇌물을 그분에게 바치려고 애쓰지 않으며 그분의 편파적인 사랑을 얻으려고 안달하지 않는다면, 우리는 그분의 충만한 은혜를 지속적으로 받아누리는 수혜자가 될 수 있다.

과부나 고아 또는 나그네처럼 의지할 곳 없는 자신의 상태를 인식하고 자족적인 구세주께서 주시는 장래의 은혜 안에서 누릴 자유로움을 신뢰한다면, 우리는 영원토록 하나님의 사랑을 받게 될 것이다. 이러한 사랑을 받는 우리는 그 사랑 안에서 능력과 즐거움을 누리게 될 것이다.

바로 이런 의미가 야고보서 1장 27절에 숨어 있다. "하나님 아버지 앞에서 정결하고 더러움이 없는 경건은 곧 고아와 과부를 그 환난 중에 돌아보고 또 자기를 지켜 세속에 물들지 아니하는 이것이니라."

　이런 모습은 하나님의 초월적인 자족함으로부터 흘러나오므로 참된 경건이라 할 수 있다. 진정한 경건은 하나님의 은혜로 인해 유지되며 널리 알려져 그분에게 영광을 돌린다. 이것은 공상적인 사회 개량주의가 아니다. 경건은 하나님의 풍성한 은혜를 나타내는 증거다. 하나님께서 우리를 자비의 사람으로 만드셔서 그분의 초월적인 자족함의 영광에 이르게 하시길…,

위엣것을 바라보라

그러므로 너희가 그리스도와 함께
다시 살리심을 받았으면 위엣것을 찾으라
거기는 그리스도께서 하나님 우편에 앉아 계시느니라
위엣것을 생각하고 땅엣것을 생각지 말라(골 3:1-2).

모든 계절은 하나님께서 정해주시는 것이지만 여름은 다른 계절과 다른 특별한 힘을 지니고 있다. 예수 그리스도는 언제나 신선한 힘을 공급해주시지만 그분을 떠나 비신앙적인 레저 활동을 즐기다보면 영혼은 바짝 말라버린다. 처음에는 그런 레저 활동이 자유롭고 재미있게 느껴지지만 점차 기도하는 시간은 줄어들고 말씀에 소홀하게 된다. 그에 대한 대가는 반드시 뒤따른다. 천박함과 무기력함에 빠지고 예배와 성령의 일에 대한 관심이 급격히 줄어든다.

여름철에 영혼이 위축되도록 내버려두지 말라. 하나님께서는 천국의 즐거움을 미리 맛보라고 여름철을 만들어주신 것이지 여름을 천국의 대용품으로 삼지 않으셨다. 우편 배달부가 아무리 약혼자의 연애 편지를 배달해주더라도 우편 배달부와 사랑에 빠져서는 안 될 일이다.

여름철은 우편 배달부와 같다. 여름은 뜨거운 태양 빛, 푸르른 나무, 활짝 핀 꽃들, 반짝이는 호수로 가득 찬 사랑의 편지를 전해주는 하나님의 전령으로서 하나님께서 앞으로 다가올 세대에 우리를 위해 계획하고 계신 것을 보여주는 역할을 한다. "기록된 바 하나님이 자기를 사랑하는 자들을 위하여 예비하신 모든 것은 눈으로 보지 못하고 귀로도 듣지 못하고 사람의 마음으로도 생각지 못하였다 함과 같으니라"(고전 2:9). 비디오 예고편과 같은 이땅의 즐거움에 푹 빠진 나머지 앞으로 다가올 실체를 놓치는 어리석음에 빠지지 말라.

예수 그리스도는 여름의 상쾌함을 제공해주는 원천이다. 그분은 만물 위에 뛰어나시다(골 1:18). 만물에는 휴가나 소풍, 소프트볼과 산책과 야외 파티도 전부 포함된다. 그분은 우리를 진정한 휴식으로 초대하신다. "수고하고 무거운 짐진 자들아 다 내게로 오라 내가 너희를 쉬게 하리라"(마 11:28). 이것이야말로 여름 휴가를 능가하는 참된 평안함이다.

위엣것을 바라고 있는가? 이것은 중요한 문제다. 그리스도는 우리가 그분을 찾는 만큼 우리에게 자신을 주신다. "너희가 전심으로 나를 찾고 찾으면 나를 만나리라"(렘 29:13). 여름에 특히 하나님께 더욱 관심을 집중해야 하는 이유를 이런 말로 표현할 수 있다. "우리는 주님이 주시는 참된 신선함과 휴식을 원합니다. 진심으로 원합니다."

베드로는 말했다. "그러므로 너희가 회개하고 돌이켜 너희 죄 없이 함을 받으라 이같이 하면 유쾌하게 되는 날이 주 앞으로부터 이를 것이요"(행 3:19). 회개는 단순히 죄로부터 돌아서는 행동이 아니다. 회개는 하나님을 향해 서서 마음을 열고, 그분의 날을 기다리고, 그분의 뜻에 순종하는 것이다. 이런 마음가짐은 골로새서 3장 1-2절에 가장 명확하게 표현되어 있다. "그러므로 너희가 그리스도와 함께 다시 살리심을 받았으면 위엣것을 찾으라 거기는 그리스도께서 하나님 우편에 앉아 계시느니라 위엣것을 생각하고 땅엣것을 생각지 말라."

여름에 우리는 자주 야외에 나간다. 이땅은 하나님의 것이다. 하지만 여름 휴가는 천국에서 보게 될 놀라운 드라마의 서두에 불과하다. 실제로 벌어질 성대한 잔치를 살짝 맛보는 정도다. 영원한 안식의 예고편에 지나지 않는다. "그 성은 해나 달의 비췸이 쓸데없으니 이는 하나님의 영광이 비취고 어린양이 그 등이 되심이라"(계 21:23). 여름철의 태양은 영원한 하나님의 영광을 가리키는 지시봉과 같다. 여름철은 하나님의 영광을 바라보고 기대하기에 더없이 좋은 계절이다.

위엣것을 바라보는 눈을 가지고 있는가? 하나님의 영광을 바라볼 수 있는 눈을 가지고 싶은가? 주님, 캠프파이어의 불길 너머로 주님의 영광에 찬 빛을 보게 하소서.

하나님께 감동된 자

사울도 기브아 자기 집으로 갈 때에
마음이 하나님께 감동된 유력한 자들은
그와 함께 갔어도(삼상 10:26).

이 구절을 읽으며 하나님께서 나 또한 새롭게 감동시켜주시기를 기도했다. 하나님께 감동되는 것. 이 얼마나 놀라운 일인가! 본문의 히브리 원문에 별다른 의미는 없다. 말 그대로 '감동시키다'라는 평범한 의미다. 하나님께서는 그들의 마음을 감동시키셨다.

사람의 마음에 임하는 하나님의 감동하심은 실로 경이로운 일이다. 마음이란 우리에게 깊고 개인적이며 인격적인 부분이기 때문이다. 하나님께서는 우리의 마음을 감싸고 있는 방어막을 뚫고 중심으로 들어오신다. 우리의 마음이 하나님께 완전히 공개되는 것이다. 더 이상 자신을 숨길 수 없으며 모든 속마음이 드러난다.

하나님의 감동이 놀라운 이유는 그것이 하나님께서 직접 행하시는 일이기 때문이다. 여기에서 말하는 내용을 곰곰이 생각해보라. 하나님께서 그들을 감동시키셨다. 아내가 아니다. 자녀나 부모도 아니다. 상담가도 아니다. 하나님께서 감동시키셨다. 그분은 무한한 능력을 가지고 계시며 온 우주에 충만한 유일한 분이다. 무한한 권능과 지혜, 무한한 사랑과 선하심, 무한한 순결함과 정의를 지니신 바로 그 하나님이다. 그분이 사람들의 마음을 감동시키셨다.

하나님의 감동은 접촉을 통해 일어나기 때문에 놀라운 것이다. 실제로 관계를 맺는 것이다. 그 관계에 인간의 마음이 포함되어 있다는 사실이 놀랍다. 하나님께서 직접 관련되신다는 사실이 놀랍다. 유력한 자들은 다른 누군가의 말을 일방적으로 듣기만 하지 않았다. 하나님의 감동을 받은 자들은 단순히 신의 영향력에 휘둘리는 수동적 인물들이 아니다. 그들은 외부적인 요인 때문에 마음을 드러내거나 알리지 않는다. 다만 무한히 겸손한 하나님께서 그들의 마음에 다가오신 것이다. 하나님께서는 그렇게 가까이 계신다. 하지만 그들은 소멸되지 않는다.

나는 그러한 감동이 좋다. 좀더 많이 감동을 받고 싶다. 나 자신과 모든 교인들을 위해 그런 감동을 받고 싶다. 하나님께서 당신의 영광을 위해 새롭고 심오한 방법으로 나와 모든 교회들을 감동시켜주시기를 기도한다.

본문은 "마음이 하나님께 감동된 유력한 자들은 그와 함께 갔다"라고 말한다. 히브리 원어에서 '유력한 자들'이란 힘과 용기와 재산을 가진 자들이란 의미다. 크리스천들은 하나님을 위해 유력한 자들이 되어야 하지 않을까? 용기와 힘을 가지고 있으며 남을 설복시키는 진리와 아름다움을 가득 품은 그런 자들이 되어야 한다.

그러한 감동을 얻기 위해 우리 함께 기도하자. 감동이 불과 함께 온다면 오게 하라. 물과 함께 감동이 온다면 그 역시 받아들여라. 바람과 같이 온다면 그대로 온몸을 바람에 맡겨라. 천둥과 번개를 동반하고 온다면 그 앞에 엎드려라.

오 주여, 오시옵소서. 친히 느낄 수 있을 만큼 가까이 오시옵소서. 은혜의 갑옷으로 우리를 보호하옵소서. 내 마음을 꿰뚫고 감동시켜주옵소서. 내 마음을 태우고 물로 씻어주고 바람으로 말리며 부숴주옵소서. 그리고 세미한 음성을 들려주옵소서. 어떤 방법으로든 속히 오시옵소서. 어느 길로든 오셔서 우리의 마음을 감동시켜주옵소서.

기쁨을 배우는 고통의 과정

하나님을 섬긴다는 것

하나님을 섬긴다는 것은 다른 어떤 것을 섬기는 것과는 차원이 전혀 다르다. 하나님은 질투가 지극히 많은 분이다. 우리는 그 사실을 잘 알고 있으며 그러한 질투를 즐거워한다.

이를테면 하나님은 이렇게 명령하신다. "기쁨으로 여호와를 섬기며 … 나아갈지어다"(시 100:2). 이 기쁨에는 분명한 이유가 있다. 그 이유는 사도행전 17장 25절에 제시되어 있다. "또 무엇이 부족한 것처럼 사람의 손으로 섬김을 받으시는 것이 아니니 이는 만민에게 생명과 호흡과 만물을 친히 주시는 자이심이라"(행 17:25). 우리는 하나님의 요구를 충족시켜야 하는 부담이 없기 때문에 기쁨으로 그분을 섬기는 것이다. 오히려 우리는 하나님께서 우리의 필요를 채워주시는 자리에서 기쁨으로 그분을 섬긴다.

시편 기자는 그러한 섬김을 종이 인자한 주인에게 의지하는 모습에 비유했다. "종의 눈이 그 상전의 손을, 여종의 눈이 그 주모의 손을 바람같이 우리 눈이 여호와 우리 하나님을 바라며 우리를 긍휼히 여기시기를 기다리나이다"(시 123:2). 하나님을 섬기는 것은 언제나 그로부터 은혜를 받아 누리는 것을 의미한다.

얼마나 하나님께서 우리의 섬김을 받고 그로 인하여 영광을 누리기를 원하시는지 잘 보여주는 이야기가 역대하 12장에 기록되어 있다.

솔로몬의 아들이며 남쪽 유다 왕국을 다스렸던 르호보암은 열지파의 반란 이후에 "여호와의 율법을 버렸다"(1절). 그는 여호와를 섬기기 거부하고 다른 신들과 다른 강대국들을 섬겼다. 하나님께서는 애굽 왕 시삭을 보내 예루살렘을 치게 하셨다. 그는 1,200승의 병거와 6만의 마병을 이끌고 쳐들어왔다(3절).

그러나 하나님께서는 자비를 베풀어 스마야 선지자를 르호보암에게 보내 당신의 말씀을 전달하게 하셨다. "여호와의 말씀이 너희가 나를 버렸으므로 나도 너희를 버려 시삭의 손에 붙였노라 하셨다"(5절). 다행히 그 말씀을 들은 르호보암과 방백들은 스스로 겸비하고 회개하며 말했다. "여호와는 의로우시다"(6절).

여호와께서는 그들이 스스로 겸비하는 모습을 보고 이렇게 말씀하셨다. "저희가 스스로 겸비하였으니 내가 멸하지 아니하고 대강 구원하여 나의 노를 시삭의 손으로 예루살렘에 쏟지 아니하리라"(7절). 하지만 하나님께서는 그 일을 훈련 과정으로 삼겠다고 말씀하셨다. "그러나 저희가 시삭의 종이 되어 나를 섬기는 것과 열국을 섬기는 것이 어떠한지 알게 되리라"(8절).

참으로 그렇다. 하나님께서는 우리가 그분을 섬기는 것과 다른 누군가를 섬기는 것의 차이를 깨닫게 되기를 간절한 마음으로 원하신다. 유다의 왕과 방백들이 배워야 했던 교훈은 하나님을 섬기는 것이 기쁨을 가져다주는 섬김이라는 사실이었다. 예수님께서도 당신의 멍에는 쉽고 당신의 짐은 가볍다고 말씀하셨다(마 11:30). 르호보암의 경우를 통해 우리가 배울 수 있는 교훈은, 제레미 테일러의 말처럼 "하나님께서는 우리가 불행하게 되는 것을 방지해주려고 무서운 사건으로 우리를 위협하신다"는 사실이다. 모세도 신명기 28장 47-48절에서 이와 비슷한 말을 했다. "네가 모든 것이 풍족하여도 기쁨과 즐거운 마음으로 네 하나님 여호와를 섬기지 아니함을 인하여 … 여호와께서 보내사 너를 치게 하실 대적을 섬기게 될 것이니"(신 28:47-48).

요점은 분명하다. 하나님을 섬기는 것은 곧 은혜와 축복과 즐거움과 유익을 받는 길이다. 이런 이유 때문에 나는 주일 아침 예배와 매일 드리는 순종의 예배는, 근본적으로 우리가 하나님께 드리는 것이 아니라 하나님으로부터 받아 누리는 기쁨이라고 강조한다.

하나님을 여러 신들 가운데 하나로 여기며 섬기지 않도록 조심하라. 하나님을 섬기려면 하나님께서 공급해주시는 힘으로 하는 것과 같이 하라(벧전 4:11).

꽃 한송이의 깨달음

지극히 섬세하신 **하나님**

성경에는 하나님께서 창조에 직접 깊숙하게 개입하셨음을 보여주는 본문들이 있다. 예를 들어, 고린도전서 15장 38절에서 바울은 각 종자가 동일한 모습으로 심기지만 나중에는 전혀 다른 형체를 지닌 식물로 자라난다는 비유를 사용하고 있다. "하나님이 그 뜻대로 저에게 형체를 주시되 각 종자에게 그 형체를 주시느니라"(고전 15:38).

이 구절은 하나님께서 각 종자를 독특한 식물(종[種]이 아니라 각자 개별적인 종자)로 자라나게 하시는 방법으로 창조를 이루셨다는 놀라운 이야기를 하고 있다. 여기서 바울은 식물학이 아니라 부활에 대해 가르치고 있는 것이다. 그와 동시에 바울은 하나님께서 창조를 직접 주관하셨음을 자신이 당연히 여기고 있음을 보여준다. 그에게 하나님의 섭리 없이 자연적인 진화 과정이 있었을 것이란 상상조차 할 수 없는 일이었다.

시편 94편 9절은 이렇게 말하고 있다. "귀를 지으신 자가 듣지 아니하시랴 눈을 만드신 자가 보지 아니하시랴." 시편 기자는 하나님이 눈을 설계하신 분이며 귀를 지금의 자리에 만들어 인체 중에서 듣는 역할을 감당하도록 계획하신 분이라는 것을 당연한 사실로 여기고 있다. 그러므로 우리가 눈의 놀라운 기능과 귀의 뛰어난 구조에 대해 경탄을 금치 못할 때, 그것은 자연 속에서 일어난 우연한 사건이 아닌 하나님의 지혜와 창조성에 대해 감탄하는 것이다.

이와 유사한 내용이 시편 95편 5절에 담겨 있다. "바다가 그의 것이라 그가 만드셨고 육지도 그의 손이 지으셨도다"(시 95:5). 하나님께서 육지와 바다를 직접 만드셨으므로 지금 우리가 보는 바다는 그분의 것이다. 하나님께서 비인격적인 방법으로 수십억 년 전에 만물을 움직이게 하신 것은 아니다. 오히려 그분은 만물의 소유주시다. 그분이 직접 만물을 만드셨기 때문이다. 오늘날의 세계도 그분의 작품이며 그 속에는 창조주의 흔적이 담겨 있다. 그것은 화가가 미술 작품을 팔거나 포기하기 전까지 그 작품의 소유권이 화가에게 속해 있는 것과 같은 원리다.

이것은 세상 속의 경이로운 일에 대해서 감탄할 때마다 하나님 중심적인 자세를 잃지 말아야 한다는 만물들의 외침이다. 찰스 스펄전은 약 100년 전, 런던에서 사역한 위대한 설교가인 동시에 자연을 지극히 사랑한 사람이었다. 설교할 때나 자연을 관찰할 때, 그는 철저히 하나님 중심의 입장에서 하나님을 높이 찬양했다.

태양 광선 속에서 흩날리는 먼지들은 하나님께서 원하시는 만큼만 움직이고 있음을 나는 믿는다. 태양이 하늘 위에서 궤도를 그리며 돌고 있듯이, 배를 향해 달려드는 물보라의 분자들도 궤도를 지니고 있다. 키질하는 사람의 손에서 떨어져나온 왕겨도 우주 공간에서 자기 길을 따라가는 별들처럼 정해진 방향으로 나아간다. 장미꽃 봉오리 위에 있는 진딧물의 움직임은 참화를 가져오는 역병의 확산만큼이나 확실한 것이다. 포플러나무에서 떨어지는 나뭇잎이나 무수히 쏟아지는 우박들도 모두 하나님의 정하신 뜻에 따라 각자의 속도로 움직인다.

만물 속에서 발견되는 모든 경이로운 일들은 하나님께서 행하신 것이다. 그분은 우리집 담 옆의 아이리스가 꽃망울을 터뜨릴 때 어떻게 보일 것인가 하는 세밀한 부분까지 정확하게 결정하신다. 하나님께서는 그 꽃의 아름다움, 그 식물의 종류가 아닌 바로 그 식물 자체가 그분의 특별한 창조성을 찬양하는 이유가 되게 하신다. "하나님이 그 뜻대로 저에게 형체를 주시되 각 종자에게 그 형체를 주시느니라."

왜 미워하시지 않는가?

악인을 의롭다 하며 의인을 악하다 하는
이 두 자는 다 여호와의 미워하심을 입느니라 (잠 17:15).

왜 하나님께서는 자신을 미워하시지 않는가? 잠언 17장 15절에서는 악인을 의롭다 하는 자를 하나님께서 미워하신다고 했다. 하지만 로마서 4장 5절에 따르면 하나님께서는 "경건치 아니한 자를 의롭다 하신다." 그뿐 아니라 하나님께서는 의로운 자, 곧 자기 아들인 예수님에게도 죄의 선고를 내리셨다. "그가 상함은 우리의 죄악을 인함이라"(사 53:5).

따라서 성경은 악인을 의롭다 하는 자를 하나님께서 미워하신다고 말하는 동시에, 하나님께서 경건치 아니한 자를 의롭다 하시며 그분이 다른 사람의 죄를 대신하여 아들 예수님을 죽음에 이르게 하셨다고 말하고 있다. 그런데 왜 하나님께서는 자기를 미워하시지 않는가?

잠시 뒤로 물러나 생각해보면 도움을 얻을 수 있다. 법정에서 악인에게 무죄를 선고한다면, 그러한 선고를 혐오스럽고 잘못된 것으로 여기게 되는 이유는 무엇인가?

두 가지 이유가 있다.

첫째, 그 선고는 법과 사회를 더럽힌 범죄에 대해 마땅히 치러야 할 보상을 요구하지 않았기 때문이다. 그렇게 되면 범죄가 일어날 때마다 법은 효력을 잃고 사회 수준은 더욱 떨어질 것이다. 사회에 속한 개인들은 언제나 손해를 당할 것이다. 재판관은 범죄에 상응하는 적절한 조치가 필요하다는 판결을 내린다. 그 판결은 범죄자가 법률이나 사회 또는 개인들로부터 빼앗은 만큼의 명예를 그 범죄자로부터 박탈할 것을 명한다. 예를 들어, 그는 벌금형을 받거나 투옥되거나 사형을 당한다.

죄인을 의롭다고(또는 무죄라고) 하는 선고가 안고 있는 문제는 그에게 범죄에 걸맞는 적합한 배상을 요구하고 있지 않다는 것이다. 그러한 선고는 범죄자로부터 공격당한 법률이나 개인들을 변호하거나 보호할 만한 가치가 없는 존재인 것처럼 만들어버린다. 범죄자가 법이나 사람들을 취급한 것과 동일한 태도로 그 자신들을 대하는 것이다. 따라서 그런 선고는 혐오스러운 것이다.

둘째, 그 선고는 동일한 범죄를 저지르기 쉬운 사람을 사회에 풀어놓는 결정이기 때문이다. 그를 석방한다고 해서 그가 마음을 고쳐먹으리라는 보장도 없다. 그러므로 악인을 풀어주는 것은 혐오스러운 일이다.

의인에게 죄를 선고하는 것 역시 두 가지 이유에서 혐오스러운 일이다. 하지만 그 이유는 악인의 경우와 완전히 반대다. 그런 선고는 법률이나 사회의 명예를 높이지 않음으로써 명예를 실추시키는 결정이다. 그와 같은 결정은 의로운 사람이 끼치는 좋은 영향력을 사회로부터 박탈하는 결과를 가져온다.

한 어머니가 상습적으로 범죄를 저지르는 아들 대신 처벌을 받기 위해 애쓴 결과, 자신이 사형을 당하고 아들은 석방되었다면 이 역시 혐오스러운 일이다. 그녀의 행동은 법의 가치를 높이지 않고, 오히려 법의 가치를 희생시키는 대가로 아들의 가치를 높인 것이기 때문이다. 그럼으로써 위험한 범죄자가 또다시 사회 속으로 풀려난다. 한편 그 어머니가 행한 선행은 곧 잊혀진다.

하지만 하나님께서 그리스도를 십자가의 자리에 두신 것은 전혀 다른 차원의 일이다. 그리스도가 우리를 대신하여 자진해서 죽으신 것은 신성 모독이 아니라 하나님의 영광과 그분의 법의 가치를 드높인 행동이다. "그러나 내가 이를 위하여 이때에 왔나이다 아버지여 아버지의 이름을 영광스럽게 하옵소서"(요 12:27-28). 그리스도의 죽음은 불의한 자를 의롭다 하심을 통해 하나님의 의로우심을 드러내기 위해 작정되었다(롬 3:25-26).

그리스도는 고집 센 범죄자 아들을 석방시켜주기를 바라는 어머니와 같지 않다. 그분은 하나님과 하나님의 법의 명예와 영광에 대한 분명한 인식을 가지고 계셨다. 따라서 우리 죄로 인해 실추되었던 하나님의 법과 그 이름의 명예는 예수님의 죽음을 통해 완전히 회복되었다.

그뿐 아니라 불의한 자에 대한 칭의(justification)는 범죄자를 세상에 풀어놓는 결과를 가져오지 않는다. 그와 반대로 그리스도의 죽음은 그분의 모든 백성들의 완전한 변화를 보장한다. "그가 우리를 대신하여 자신을 주심은 모든 불법에서 우리를 구속하시고 우리를 깨끗하게 하사 선한 일에 열심하는 친백성이 되게 하려 하심이니라"(딛 2:14).

그리스도의 죽음은 선한 사람들의 영향력을 사회로부터 제거하는 결과를 가져오지 않는다. 예수님께서는 죽음에서 일어나서 능력 있고 절대적인 자신의 영향력을 이 세상에 끊임없이 끼치고 계신다.

요점은 이것이다. 불의한 자를 의롭다 하시는 하나님의 행동은 악인을 의롭다 하는 인간의 행동과는 전혀 다른 차원의 것이므로 미워하거나 혐오스러워 해야 할 대상이 아니다. 그와는 완전히 반대로, 하나님의 행동은 그리스도의 십자가라는 가장 위대한 사건 속에 나타난 사랑과 정의의 절정이다.

헛된 경배에 빠지지 않게 하소서

이 백성이 입술로는 나를 존경하되
마음은 내게서 멀도다
사람의 계명으로 교훈을 삼아 가르치니
나를 헛되이 경배하는도다(마 15:8-9).

먼저 우리는 모두 어느 정도 감정적 장애를 지니고 있다는 사실을 고백해야겠다. 이 말은 어느 특정인에게만 해당하지 않는다. 나 자신을 포함해 모든 사람들에게 해당한다. 그렇다고 우리 모두가 감정적으로 활동 능력이 전혀 없는 사지마비 환자라는 의미는 아니다. 우리의 감정적 장애는 비정상적으로 지나친 활동에서 마비 상태에 이르기까지 폭넓게 퍼져 있다. 거기에는 돌기, 이상한 걸음걸이, 발작, 경련, 절뚝거림, 기억 상실 등이 포함된다.

예배 도중에 교인들에게 한 가지 질문을 던진 적이 있다. "여러분 중에 가족들이 기쁜 마음으로 하나님을 찬양하는 것을 규칙적이고 중요한 일과로 여기는 가정에서 자란 분이 계십니까?" 10% 정도가 손을 들었다. 그러고 나서 다시 물었다. "가족들 간에 벌주고 비난하기보다는 칭찬과 감사를 자연스럽게 주고받은 가정에서 자란 분은 손을 들어주시겠습니까?" 손을 든 사람은 거의 없었다.

나는 이런 조사를 토대로 다음과 같은 결론을 내렸다. 우리가 자란 가정의 90% 정도는 감사와 사랑과 칭찬의 마음을 자연스럽고 진정한 방법으로 표현하도록 도와주기보다는 오히려 방해하고 있다는 것이다. 이 사실에 덧붙여 우리는 모두 타락한 본성을 지닌 죄인들이므로 하나님과 선함과 아름다움과 진리를 기뻐하지 않은 것을 당연히 여긴다는 사실도 깨달았다.

우리는 원래 칭찬과 감사와 사랑을 베풀 수 있는 사람이 아니다. 이러한 두 가지 요소(우리의 타락한 본성, 그리고 비난하기 좋아하고 칭찬하지 않으며 찬양이 없는 가정)를 한데 모으면, 우리가 드리는 예배 가운데 스며들어 있는 감정적인 장애들에 대한 가장 적합한 설명을 이끌어 낼 수 있다.

때때로 우리는, 특히 백인 같은 특정 인종들은 자신들이 이러한 불구 상태에서 제외된다고 생각한다. 나는 그런 주장들에 반대한다. 우리 교회 근처에 있는 흑인 교회에서 3시간 반 동안 계속된 예배에 참석한 적이 있었다. 매우 특이했지만 정말 의미 있는 시간이었다. 나는 그 교회 담임목사의 사역 34주년 기념 예배에서 아홉번째 축사를 했다. 예배에 참석한 교인들은 박수를 많이 쳤다. 손이 얼얼할 정도였다. 그들은 몸도 많이 움직였다.

또한 "아멘!" "그렇습니다!" "맞아!" "죄를 뉘우쳐야 해" 같은 말도 여기저기서 들려왔다. 그들은 큰소리로 찬양했다. 설교 시간에 오르간 연주가 배경 음악으로 흘러나오기도 했다. 그들은 기쁨의 함성을 질렀다. 아주 행복한 시간이었다. 우리 교회가 그런 모습 가운데 몇 가지라도 배웠으면 하는 마음이 들었다.

하지만 그들이 우리보다 감정적으로 더 비뚤어진 상태에 있다고 생각하지 않는다. 백인이든 흑인이든 황인이든, 이탈리아 사람이든 스웨덴 사람이든, 라틴아메리카 사람이든 독일 사람이든, 동부 사람이든 남부 사람이든, 남성이든 여성이든, 누구나 어느 정도는 마음의 장애를 지니고 있다.

그렇다면 무엇이 관건인가? 요점은 우리가 지금 상태에 만족하지 말아야 한다는 것이다. 우리가 개인적으로 지니고 있는 감정적 장애가 무엇이든 그에 대한 거룩한 불만을 가져야 한다. 우리는 영적으로, 도덕적으로, 나아가 감정적으로 그리스도의 장성한 분량이 충만한 데까지 이르기 위해 혼신의 힘을 다해야 한다. 하나님께서 고치지 못하거나 강건하게 붙들어주지 못할 상태는 없다 하더라도, 조상으로부터 물려받은 감정적 불구 상태를 방치하거나 고착화시키지 않도록 애써야 한다.

크리스천들은 운명론자들이 아니다. 우리는 유전이나 상황만이 우리의 상태를 결정짓는 요소라는 주장을 믿지 않는다. 우리는 하나님을 믿는다. 우리는 성령님을 믿는다. 우리는 영광으로 영광에 이르게 될 것을 믿는다(고후 3:18). 가장 온전하고 능력 있는 예배는 진리의 빛 속에 거하며 하나님의 불꽃 가까이 거하면서도 소멸되지 아니하는 자들로부터 말미암는다. 지금 거하고 있는 상태에서 박차고 일어나 자유의 땅으로 나아가자. 하나님의 은혜를 통한 치료를 맛보며 서서히 그분을 향해 나아가자.

진정한 변화에 이르는 길

생각의 힘에 대해

인간의 마음이 지닌 놀라운 능력 중에는 무언가에 관심을 집중하고 그것을 선택하는 능력이 있다. 우리는 하던 일을 잠시 멈추고 이렇게 말할 수 있다. "다른 것은 제쳐두고 오로지 이것만 생각해." 우리는 하나의 개념, 하나의 광경, 하나의 문제, 하나의 소망에 관심을 집중시킬 수 있다. 그것은 놀라운 능력이다. 아마 동물들에게는 이런 능력이 없을 것이다. 동물들은 자기 반성적이지 않으며 충동과 본능의 지배를 받는다. 인간은 사색하며 사색에 따라 행동할 수 있는 놀라운 능력을 가지고 있다. 이것은 하나님으로부터 받은 선물이며 우리 속에 있는 그분의 형상의 일부다.

생각하고 그에 따라 행동하는 능력은 우리의 마땅한 모습을 이루는 상당히 강력한 수단이다. 혹시 죄악에 대항하는 전쟁에서 이처럼 놀라운 무기를 사용하지 않고 무기고 안에 내버려둔 적은 없는가? 성경은 이처럼 뛰어난 은사를 사용하라고 지속적으로 요청하고 있다. 그 무기를 꺼내고 잘 닦아서 올바로 사용하자.

바울은 로마서 8장 5-6절에서 이렇게 말했다. "육신을 좇는 자는 육신의 일을, 영을 좇는 자는 영의 일을 생각하나니 육신의 생각은 사망이요 영의 생각은 생명과 평안이니라."

참 멋진 말씀이다. 사망이 아닌 생명을 얻기 위해 어떤 일을 좇아야 하는지 분명하게 드러나 있지 않은가!

우리는 변화, 완전함, 평안 등을 추구하는 데 있어서 너무나 수동적인 입장만 취해왔다. 우리는 치료를 해야 하는 나이가 되어서도 '자신의 문제를 이야기하고' '자기 문제를 파악하며' '유년 시절 속에서 상처의 뿌리를 발견하는' 정도의 수동적인 사고 방식에 빠져 있다. 이런 방법들은 시간이 가면 약간 도움이 될지는 모르나 그와 동시에 우리는 변화를 수동적인 입장에서 생각하는 쪽으로 기울어지게 된다. 즉 자기 문제를 이야기하다보면 자연히 변화가 일어날 것이라고 미루어두는 것이다.

그런데 신약 성경에는 좀더 공격적이고 적극적인 변화 방법이 나온다. "위엣것을 생각하고 땅엣것을 생각지 말라"(골 3:2). "여러 사람들이 그리스도 십자가의 원수로 행하느니라 … 땅의 일을 생각하는 자라"(빌 3:18-19). "육신을 좇는 자는 육신의 일을, 영을 좇는 자는 영의 일을 생각하나니"(롬 8:5).

감정은 대부분 '생각하는 바'에 지배된다. 즉 어디에 마음을 두느냐에 따라 좌우된다. 그와 같은 맥락에서 예수님께서는 생각으로 염려하는 감정을 물리치라고 말씀하셨다. " … 염려하지 말라 … 까마귀를 생각하라 … 백합화를 생각하여보아라 … "(눅 12:22, 24, 27).

생각은 마음의 창이다. 생각을 끊임없이 어둠 속에서 거하게 한다면 마음은 어두움을 느끼게 될 것이다. 빛을 향해 생각의 창을 열면 마음은 밝은 빛을 느끼게 된다. 이것이 바로 빌립보서 4장 8절에서 바울이 말한 내용이다. "종말로 형제들아 무엇에든지 참되며 무엇에든지 경건하며 무엇에든지 옳으며 무엇에든지 정결하며 무엇에든지 사랑할 만하며 무엇에든지 칭찬할 만하며 무슨 덕이 있든지 무슨 기림이 있든지 이것들을 생각하라."

이처럼 집중하며 생각할 수 있는 우리 마음의 위대한 능력은 예수님을 생각하도록 주어진 것이다. "그러므로 함께 하늘의 부르심을 입은 거룩한 형제들아 우리의 믿는 도리의 사도시며 대제사장이신 예수를 깊이 생각하라 … 너희가 피곤하여 낙심치 않기 위하여 죄인들의 이같이 자기에게 거역한 일을 참으신 자를 생각하라"(히 3:1, 12:3).

예수님을 생각하는 것이야말로 진정한 변화에 이르는 길이다. 우리는 참된 변화의 길에 서도록 부르심을 받았다. 우리 마음이 영혼을 거스려 싸우는 온갖 육체의 정욕에 끌려갈 때까지 수동적으로 기다리지 말라(벧전 2:11). 지금은 영광으로 영광에 이르러 변화되도록 그리스도의 영광에 마음을 집중시켜야 할 때다(고후 3:18).

바로 지금, 마음이 생각하는 바른 길을 향해 의지적으로 나아가겠다고 결심하라. 우리는 무언가를 생각할 수밖에 없고 생각한 그것은 점점 우리 속에서 구체화된다.

두려움과 기쁨은 공존할 수 있는가?

경외함에 대한 말씀 묵상

나는 '하나님을 경외함'에 대한 정의를 내리기보다는 사람들에게 그분을 경외하는 마음을 심어주고 싶다. 하나님에 대한 경외함을 충분히 경험하고 싶다면, 그것이 무엇을 의미하는지 파악하기 위해 반드시 성경을 읽고 깊이 묵상해야 할 것이다.

하지만 대부분의 사람들에게 두려움은 없애고 싶은 것이지 더 많이 지니고 싶은 감정은 아니다. 하나님에 대한 경외심에도 그런 원리가 적용된다면, 우리의 마음 상태나 두려움에 대한 이해력에 무언가 문제가 있는 것이다.

하나님을 두려워하는 자들에게 주어지는 놀라운 약속들을 한데 모아본 적이 있는가? 그 약속들은 너무나 놀라운 내용들을 담고 있어서 하나님을 두려워하는 것이 세상에서 가장 마음 설레는 일이라고 생각하게 될 것이다. 당신이 온 힘을 다해 하나님을 두려워하기로 결심하게 되기를 바란다.

● 하나님의 친밀함

여호와의 친밀함이 경외하는 자에게 있음이여 그 언약을 저희에게 보이시리로다(시 25:14).

● 하나님의 보살피심

여호와는 그 경외하는 자 곧 그 인자하심을 바라는 자를 살피사(시 33:18).

● 하나님의 사자가 건지심

여호와의 사자가 주를 경외하는 자를 둘러 진치고 저희를 건지시는도다(시 34:7).

오직 너희 하나님 여호와를 경외하라 그가 너희를 모든 원수의 손에서 건져내리라 하셨으나(왕하 17:39).

● 부족함이 없음

너희 성도들아 여호와를 경외하라 저를 경외하는 자에게는 부족함이 없도다(시 34:9).

● 아버지처럼 불쌍히 여기심

아비가 자식을 불쌍히 여김같이 여호와께서 자기를 경외하는 자를 불쌍히 여기시나니(시 103:13).

● 하나님의 기뻐하심

자기를 경외하는 자와 그 인자하심을 바라는 자들을 기뻐하시는도다(시 147:11).

● 지혜의 시작과 본질

주를 경외함이 곧 지혜요(욥 28:28).
여호와를 경외함이 곧 지혜의 근본이라(시 111:10, 잠 9:10).

● 생명의 샘을 마심

여호와를 경외하는 것은 생명의 샘이라 사망의 그물에서 벗어나게 하느니라(잠 14:27).

● 만족하게 됨

여호와를 경외하는 것은 사람으로 생명에 이르게 하는 것이라 경외하는 자는 족하게 지내고 재앙을 만나지 아니하느니라(잠 19:23).

위의 약속들은 감당할 수 없을 만큼 놀라운 것들이다. 따라서 우리 같은 죄인들도 하나님께서 그렇게 극적으로 반응할 것이라고 약속하신 일, 즉 하나님을 경외하는 일을 할 수 있을 것인지 묻는 게 어쩌면 당연하다. 하지만 그렇게 생각하는 것은 성경에서 말하는 것과 상반되는 사고 방식이다.

우리 같은 죄인이 죄악을 완전히 극복하여 하나님께서 그에 대한 반응으로 복을 주시는 것이 아니다. 오히려 그와 정반대다. "사유하심이 주께 있음은 주를 경외케 하심이니이다"(시 130:4). 하나님께서는 우리 죄를 정죄하는 것이 아니라 용서함으로써 그분에 대한 경외를 불러일으키신다.

좀 이상하게 들릴지 모르겠지만 큰 위로가 되는 말씀이 아닌가? 하나님의 은혜가 하나님에 대한 우리의 경외에 달려 있다면, 하나님에 대한 경외는 전적으로 그분의 넘치는 용서하심에 달려 있다.

이사야는 하나님의 종이 "여호와를 경외함으로 즐거움을 삼을 것"(사 11:3)이라고 말했다. 정말 놀라운 말씀이 아닌가? 온 힘을 다해 하나님을 경외하라. 그 속에서 기쁨을 느껴라.

당신은 과거의 노예가 아니다

나는 변화될 수 있는가?

기독교에서는 변화가 가능하다고 믿는다. 일시적 변화가 아닌 심오하고 근본적인 변화의 가능성을 믿는다. 냉담하고 무감각한 사람이었을지라도 다정하고 동정심 많은 사람으로 변할 수 있다. 비통함과 분노에서 벗어날 수도 있다. 어떤 배경에서 자랐든 당신은 사랑을 베푸는 사람이 될 수 있다.

우리를 그렇게 변화시켜주는 결정적 이유가 하나님이라고 성경은 말한다. 성경은 엄정하고 확고된 태도로 "악을 버리고 사랑을 베풀라" "네가 할 수 있다면…" "너의 부모가 네게 선을 행했다면…"이라고 말하지 않는다. "사랑을 베풀라"고 명령한다.

이 말씀은 우리를 놀랍도록 자유케 한다. 변화는 불가능하다고 말하는 끔찍한 운명론으로부터 우리를 해방시켜준다. 우리의 성장 배경은 곧 숙명이라는 기계론적 관점에서 우리를 자유롭게 해준다.

내가 감옥에 갇혀 있는데 예수님께서 나의 독방으로 들어와 "오늘밤 이곳을 떠나라"고 말씀하신다면, 나는 도대체 어떻게 된

영문인지 알지 못할 것이다. 그러나 그분의 선하심과 능력을 믿고 신뢰한다면 나는 자유로워질 수 있다는 소망에 당장이라도 뛰쳐나가고 싶은 마음을 품을 것이다. 그분이 명령하신 일이라면 또한 그분이 이루실 수 있다.

밤이 되자 폭풍우가 사납게 몰아치며 파도가 방파제를 넘어올 정도로 거세게 치고 있는데, 주님이 오셔서 "내일 아침 출항해야 한다"라고 말씀하셨다고 하자. 그렇더라도 그 어둠 속에서 소망이 터져나와야 한다. 말씀하신 이는 하나님이 아닌가? 하나님은 자신이 무슨 말씀을 하는지 알고 계신다. 그것은 그냥 한번 해본 명령이 아니다.

그분의 명령은 언제나 자유함과 인생의 변화를 가져다주는 진리를 동반한다. 예를 들어보자. "서로 인자하게 하며 불쌍히 여기며 서로 용서하기를 하나님이 그리스도 안에서 너희를 용서하심과 같이 하라 그러므로 사랑을 입은 자녀같이 너희는 하나님을 본받는 자가 되고 그리스도께서 너희를 사랑하신 것같이 너희도 사랑 가운데서 행하라 그는 우리를 위하여 자신을 버리사 향기로운 제물과 생축으로 하나님께 드리셨느니라"(엡 4:32-5:2).

이 본문에 담긴 진리 속에는 인생을 변화시키는 능력이 있다. 그 능력이 우리도 변화시키기를 기도하라. 본문을 좀더 깊이 생각해보자.

첫째, 하나님께서는 우리를 당신의 자녀로 택하셨다. 우리는 새로운 아버지와 새로운 가족을 갖게 되었다. 이 사실은 '이땅의 가족'이 지닌 운명론적인 힘을 깨뜨려버린다. "땅에 있는 자를 아비라 하지 말라 너희 아버지는 하나이시니 곧 하늘에 계신 자시니라"(마 23:9).

언젠가 한 젊은이가 깊은 확신과 큰 기쁨의 눈물을 흘리며 히브리서 12장 10-11절에 대해 말하는 것을 들은 적이 있다. 그는 히브리서 본문을 통해 하나님이 욕설만 일삼던 이땅의 아버지처럼 생각해서는 안 될 신분임을 확신하게 되었다고 고백했다. "저희[이땅의 아버지]는 잠시 자기의 뜻대로 우리를 징계하였거니와 오직 하나님은 우리의 유익을 위하여 그의 거룩하심에 참예케 하시느니라 무릇 징계가 당시에는 즐거워 보이지 않고 슬퍼 보이나 후에 그로 말미암아 연달한 자에게는 의의 평강한 열매를 맺나니."

'저희는' 우리를 그렇게 대했지만 하나님께서는 그러지 않으셨다. 이것이 삶을 변화시키는 진리다. 우리는 그 진리를 알고 믿으며 그로 말미암아 변화되었다. 이땅의 아버지가 우리를 어떻게 대했는가는 전혀 문제되지 않는다. 하나님께서는 이 말씀 속에서 자신을 드러내며 하나님의 아버지 되심에 대한 우리의 생각에 대변혁을 일으키고자 하신다. 성장 과정에 문제가 있다 하더라도 우리는 더 이상 과거의 범주에 얽매어 있을 수 없다.

둘째, 하나님께서는 우리를 당신의 자녀로 사랑해주신다. 우리는 '사랑받는 자녀들'이다. 하나님의 사랑을 본받으라는 명령은 막연하고 모호한 말이 아니다. 그 명령은 능력을 동반하고 있다. "너희는 하나님을 본받는 자가 되라." "너희도 사랑 가운데서 행하라!" 이것은 명령이다. '사랑받는 것'이 곧 능력이다.

셋째, 하나님께서는 우리를 그리스도 안에서 용서해주셨다. 하나님께서 그리스도 안에서 당신을 용서해주셨듯이 사랑과 용서를 베풀라. 하나님께서 우리를 위해 행하신 일은 변화를 일으키는 능력이다. 하나님은 우리를 용서하셨다. 그분의 용서하심은 사랑의 관계와 소망의 미래를 열어준다. 분에 넘치는 사랑을 받고 영원한 생명을 보장받은 사람의 마음에서 사랑이 흘러나와야 하지 않을까? 사랑하라는 명령은 이땅의 부모가 당신에게 행한 일보다는 하나님께서 당신을 위해 행하신 일과 밀접하게 관련되어 있다. 당신은 지나간 과거의 노예가 아니다.

넷째, 그리스도는 우리를 사랑하고 우리를 위해 목숨까지 버리셨다. "그리스도께서 너희를 사랑하신 것같이 너희도 사랑 가운데서 행하라." 사랑 가운데서 행하라는 명령은 우리가 사랑받고 있다는 진리와 함께 제시된다. 사랑을 베풀 기회가 왔는데, "너는 사랑받는 사람이 아니니까 그럴 필요가 없다"는 회의적인 말들이 들려온다면, 다음과 같이 단호하게 말할 수 있어야 한다. "나를 향한 그리스도의 사랑은 나를 전혀 새로운 사람으로 만들어주었습니다. 사랑하라는 그분의 명령을 나는 틀림없이 따를 수 있습니다. 나를 향한 그분의 사랑의 약속이 성취되었기 때문입니다."

온 힘을 다해 운명론을 물리쳐라. 아니, 하나님의 모든 능력을 힘입어 운명론을 극복하라. 그리스도가 다시 오셔서 우리가 완전해지기까지 하나님의 능력을 끊임없이 얻으라.

모든 천사가 그와 함께 오리라

마태복음 25장 31-46절 묵상

예수님께서 마지막 날에 이땅에 임하시는 장면을 기록해놓은 마태복음의 본문을 읽을 때마다 언제나 전율을 느낀다. 며칠 전 주님이 이 본문 속에서 연속으로 하신 말씀을 읽다가 새삼 깜짝 놀란 적이 있는데, 가끔 그렇게 생각지 못한 데서 신선한 충격을 받을 때가 있다.

마태복음 25장 마지막 부분에는 양과 염소의 비유가 기록되어 있다. 여느 사람들처럼 평범하게 보이는 예수님께서 놀라운 말씀과 함께 그런 비유를 들려주시는 장면을 상상해보라. "인자가 자기 영광으로 모든 천사와 함께 올 때에 자기 영광의 보좌에 앉으리니 모든 민족을 그 앞에 모으고 각각 분별하기를 목자가 양과 염소를 분별하는 것같이 하여 양은 그 오른편에, 염소는 왼편에 두리라 그때에 임금이 그 오른편에 있는 자들에게 이르시되 …"(마 25:31-34).

이 말씀들을 좀더 깊이 생각해보자. 먼저 '인자'가 누구인지 명확히 밝혀야 한다. 여기에 대해서는 의심의 여지가 없다. 마태복음 16장 13절에서 예수님께서는 이렇게 물으셨다. "사람들이 인자를 누구라 하느냐" 그리고 15절에서 또 질문하신다. "너희는 나를 누구라 하느냐" 인자는 바로 예수님이시다. 그 호칭은 예수님께서 자신에 대해 즐겨 사용하신 것이었다. 그 호칭 속에는 그분의 인성과 신성이 감추어져 있다. 다니엘서 7장 13-14절에서는 '인자 같은 이'가 하늘에서 하나님으로부터 영원한 권세와 나라를 받는다고 말했다.

이제 "자기 영광으로 온다"(마 25:31-33)는 말씀을 자세히 살펴보자. 이 영광은 단순히 일몰이나 그랜드 캐니언 또는 커다란 위성이나 우주의 영광과 전혀 다른 것이다. 이것은 하나님의 영광이다. 마태복음 16장 27절에서는 '아버지의 영광'이라고 했다. 폭포와 협곡, 눈 덮힌 로키 산맥, 별들로 수놓은 밤하늘 같은 창조 세계만 보아도 우리는 입을 다물지 못한다. 하지만 그러한 모든 것을 계획하고 창조하신 하나님의 영광에 비하면 그런 것들은 정말 아무것도 아니다.

인자는 바로 그와 같은 영광으로 오신다. '모든 천사들'이 함께 그분을 따라온다. 상상이 되는가? 하늘은 천군 천사들로 빈틈없이 가득 찰 것이다. 모든 천사가 그분과 함께 온다! 그분의 승리는 너무나 확실해서 더 이상 그분의 배후를 방어할 필요가 없다. 그 누구도 천국을 위협할 수 없다. 하나님의 천사들은 인자 앞에 정렬할 것이다. 예수님께서는 정복지인 이땅을 혼자서 움직이실 수 있지만 천사들이 그분을 찬미하며 그분의 명령을 준행한다. 예수님은 어떤 명령을 내리실까? "저가 큰 나팔 소리와 함께 천사들을 보내리니 저희가 그 택하신 자들을 하늘 이 끝에서 저 끝까지 사방에서 모으리라"(마 24:31). 천사들은 당신과 나를 모아 인자를 만날 수 있게 할 것이다.

그후에 예수님은 '자기 영광의 보좌에' 앉을 것이다. 그분은 왕이므로 보좌에 앉으신다. "그때에 임금이 … 이르시되 … " 이제 예수님은 온 우주의 왕이시다. 그분은 하늘과 땅의 모든 것을 다스리신다(마 28:18, 골 1:17). 그분이 재림하실 때, 그분의 왕 되심은 미네아폴리스와 모스크바와 마드라스를 비롯해 전 세계 사람들에게 분명하게 알려질 것이다. '모든 민족을 그 앞에 모으고.' 인자이며 우주의 왕이신 예수님께서는 보좌에 앉으실 것이며, 모든 민족과 이땅의 대통령들과 수상들과 귀족들이 그 앞에 모여 "그리스도는 주님이시다"라고 외치며 하나님 아버지의 영광을 드높일 것이다.

택함 받은 자들이 모두 모이면, 왕이신 예수님께서는 영광스러운 심판대에 앉아 선지자의 말이 성취되었음을 선포하실 것이다. "열방은 네 빛으로, 열왕은 비취는 네 광명으로 나아오리라"(사 60:3).

나는 이 비유의 다음 내용을 유심히 읽어보았다. "예수께서 이 말씀을 다 마치시고 제자들에게 이르시되 너희의 아는 바와 같이 이틀을 지나면 유월절이라 인자가 십자가에 못박히기 위하여 팔리우리라 하시더라."

인자가 사람들 손에 넘겨지고 십자가에 못박히게 된다. 이와 같은 고통의 시간 중에 예수님을 지탱해준 기쁨과 소망은 어떤 것이었을까?

예수님께서는 부활하셨고 다시 오실 것이다. 그때까지 "우리는 그 능욕을 지고 영문 밖으로 그에게 나아가자"(히 13:13).

내게 일어난 일은 중요하지 않다

한 알의 밀이 땅에 떨어져 죽지 아니하면
한 알 그대로 있고 죽으면 많은 열매를 맺느니라
자기 생명을 사랑하는 자는 잃어버릴 것이요
이 세상에서 자기 생명을 미워하는 자는
영생하도록 보존하리라 (요 12:24-25).

"내게 일어난 일은 중요하지 않다." 요한복음 12장 24-25절에 담긴 예수님의 말씀을 묵상할 때 이 말이 계속 머리 속을 맴돌았다.

첫째, 이 본문 속에는 죽음으로 이끄는 부르심이 있다. 우리가 하나님을 위해 열매를 맺으려 한다면 반드시 죽어야 한다. 지금 내가 죽어 있다면 내 몸에 관련된 일들에 관심을 기울이지 않을 것이다. 육신과 관련된 일들은 나와 상관없게 된다. 그리고 나는 예수님과 함께 거한 것이다. 내가 이미 예수님과 함께 죽었다면, 계속 육신의 문제에 얽매이지 않고 예수님의 사람으로 살아가야 한다. 바로 그것이 모든 크리스천들의 모습이다.

"그리스도 예수의 사람들은 육체와 함께 그 정과 욕심을 십자가에 못박았느니라"(갈 5:24). 십자가에 못박았다는 것은 곧 죽었다는 뜻이다. 그 말 속에는 이땅에서 죽음을 당했다는 깊은 의미가 담겨 있다. "이는 너희가 죽었고 너희 생명이 그리스도와 함께 하나님 안에 감취었음이니라"(골 3:3). 따라서 여기 이땅 위에서 일어나는 일들은 나에게 중요하지 않다.

또한 성경에는 "자기 생명을 미워하라"는 이상한 말씀도 있다. "이 세상에서 자기 생명을 미워하는 자는 영생하도록 보존하리라"(요 12:25). 이 말은 무슨 의미인가? 이것은 이 세상에서의 삶에 대해 지나치게 많은 관심을 갖지 말라는 말이다. 다른 표현을 쓴다면, 이 세상에서 우리에게 일어나는 일들은 그리 크게 중요하지 않다는 것이다.

사람들이 당신에 대해 좋게 말하더라도 그것은 그리 중요하지 않다. 그들이 당신을 싫어해도 그것은 중요하지 않다. 많은 것을 소유하고 있다고 해도 그것은 중요하지 않다. 재산을 거의 갖고 있지 않더라도 그것은 문제가 되지 않는다. 핍박을 당하든지 아니면 할 일 없이 빈둥대든지 그것은 중요하지 않다. 유명하거나 전혀 알려지지 않았거나 그것은 중요하지 않다. 죽음을 당한다면, 그 모든 일들은 전혀 중요하게 여겨지지 않을 것이다.

하지만 이런 생각은 너무나 급진적이다. 여기에는 반드시 몇 가지 결정이 뒷받침되어야 한다. 그 결정은 단순히 수동적인 차원의 것이 아니다. 예수님께서는 계속 말씀하신다. "사람이 나를 섬기려면 나를 따르라"(요 12:26). 어디로 따라가야 하는가? 그분은 겟세마네 동산과 십자가를 향해 나아가는 중이었다. 예수님께서는 "일이 잘되지 않더라도 안달하지 말아라. 어차피 너는 죽은 목숨이니까"라는 식으로 말씀하시지 않았다. 그분은 말씀하신다. "나와 함께 죽기로 결심하라. 내가 십자가를 택한 것과 같이 너희도 이 세상에서 너희 생명을 미워하는 편을 택하라."

그와 동일한 의미로 예수님께서는 말씀하셨다. "아무든지 나를 따라오려거든 자기를 부인하고 자기 십자가를 지고 나를 좇을 것이니라"(마 16:24). 그분은 십자가를 지라고 우리를 부르신다. 십자가 위에서 할 수 있는 일은 단 한 가지뿐이다. 죽는 것이다. "십자가를 지라"는 말은 '한 알의 밀알처럼 땅에 떨어져 죽음'을 의미한다. 죽음을 택하라. "이 세상에서 자기 생명을 미워하라."

자기 생명을 미워하는 행동의 핵심은 무엇인가? 아무 목적 없는 마조히즘(피학대 음란증)인가? 그렇지 않다. 그것은 진정한 사랑과 진정한 생명과 진정한 예배의 길이다. 우리가 죽는 목적은 열매를 맺기 위함이다. "한 알의 밀이 땅에 떨어져 … 죽으면 많은 열매를 맺느니라"(요 12:24). 우리가 죽는 목적은 생명을 얻기 위함이다. "이 세상에서 자기 생명을 미워하는 자는 영생하도록 보존하리라"(요 12:25). 우리가 죽는 목적은 그리스도의 진가를 드러내기 위해서다. "또한 모든 것을 해로 여김은 내 주 그리스도 예수를 아는 지식이 가장 고상함을 인함이라 내가 그를 위하여 모든 것을 잃어버리고 배설물로 여김은 그리스도를 얻고 그 안에서 발견되려 함이니"(빌 3:8-9).

바울은 그리스도 안에서 죽는 것이 무슨 의미인지 제대로 보여준 위대한 표본이었다. "우리가 항상 예수 죽인 것을 몸에 짊어짐은 예수의 생명도 우리 몸에 나타나게 하려 함이라"(고후 4:10). "그러나 내게는 우리 주 예수 그리스도의 십자가 외에 결코 자랑할 것이 없으니 그리스도로 말미암아 세상이 나를 대하여 십자가에 못박히고 내가 또한 세상을 대하여 그러하니라"(갈 6:14).

그런데 바울은 왜 그런 선택을 했을까? 그는 복음 전파에 전적으로 헌신하기 위해 그와 같은 결정을 했다. "나의 달려갈 길과 주 예수께 받은 사명 곧 하나님의 은혜의 복음 증거하는 일을 마치려 함에는 나의 생명을 조금도 귀한 것으로 여기지 아니하노라"(행 20:24). 마치 "내가 그리스도의 은혜의 영광을 위해 살 수만 있다면, 내게 일어나는 일들은 결코 중요하지 않다"는 바울의 음성이 들리는 듯하다.

당신도 바울처럼 말할 수 있는가? 당신도 그리스도의 영광을 위해 기꺼이 죽기를 원하는가? 바울처럼 살아갈 수 있는 결단력을 지니기 위해 하나님의 도우심을 간절히 구하라.

| 제2부 |
하나님, 그 놀라운 주권

A   Godward   Life

하나님께서 인도하시는 네 가지 방법

하나님의 뜻을 어떻게 아는가?

하나님께서 사람들을 하나님의 뜻 안에서 인도하기 위해 사용하시는 방법을 나는 적어도 네 가지는 알고 있다. 쉽게 기억할 수 있도록 알파벳 D로 시작하는 네 개의 단어로 정리해보겠다.

섭리(Decree)

하나님께서는 주권적으로 환경을 섭리하고 계획하신다. 그리하여 우리가 그곳에 가려고 의식하지 않더라도 마침내 그분이 원하는 곳에 도달하게 하신다. 예를 들어, 바울과 실라는 감옥에 갇혔지만, 그 결과 간수와 그 가족들은 구원을 받았다(행 16:24-34). 그것은 하나님의 계획이었지 바울이 의도한 일이 아니었다.

하나님께서는 이런 일, 즉 우리가 계획하거나 결정하지 않았던 장소에 우리를 데려다놓으시는 일을 종종 행하신다. 그것은 섭리에 따른 인도하심이다. 하나님의 섭리는 나머지 세 요소에 비해 더욱 독특한데, 그 이유는 섭리가 나머지 세 요소를 모두 포함하고 있으며(하나님의 섭리에 우리의 모든 결정들이 포함되어 있으므로), 섭리는 전혀 오류 없이 반드시 일어나기 때문이다("주께서는 무소 불능하시오며 무슨 경영이든지 못 이루실 것이 없는 줄 아오니" — 욥 42:2).

하나님께서 우리를 인도하시는 나머지 세 가지 방법은 우리가 의식적으로 인도받는 것을 포함하고 있다.

명령(Direction)

하나님께서 성경의 명령과 가르침을 통해 우리를 인도하시는 것이다. 우리가 무엇을 해야 하고 무엇을 하지 말아야 하는지 성경의 내용들이 구체적으로 명령해준다. 십계명이 좋은 예다. "도둑질하지 말라." "살인하지 말라." 산상 수훈 역시 좋은 예다. "원수를 사랑하라." 서신서도 빼놓을 수 없다. "성령 충만함을 받으라." "겸손히 행하라." 이것은 명령을 통한 인도하심이다. 하나님께서는 성경 속에서 당신의 명령을 드러내신다.

분별력(Discernment)

우리가 어떤 결정을 내려야 하는지 성경에 구체적으로 나와 있지 않은 경우가 대부분이다. 그 때문에 분별력은 특수한 상황 속에 성경의 진리를 영적으로 민감하게 적용하는 과정을 통해 하나님이 우리를 인도하시는 방법이다. 로마서 12장 2절은 이것을 잘 설명해준다. "너희는 이 세대를 본받지 말고 오직 마음을 새롭게 함으로 변화를 받아 하나님의 선하시고 기뻐하시고 온전하신 뜻이 무엇인지 분별하도록 하라." 이 경우에 하나님께서는 우리가 해야 할 일에 대해 구체적으로 말씀하시지 않는다. 대신에 성령님께서 성경 말씀과 기도를 통해 우리 마음과 정신을 다듬어주신다. 그리하여 우리는 하나님을 가장 영화롭게 하고 다른 이들에게 유익이 되는 쪽으로 결정을 내리게 된다.

선포(Declaration)

이 방법은 하나님께서 우리를 인도하시는 방법 가운데 공통점이 가장 적다. 우리가 마땅히 해야 할 것을 하나님께서 우리에게 선언하시는 것이다. 사도행전 8장 26절을 예로 들어보자. "주의 사자가 빌립더러 일러 가로되 일어나서 남으로 향하여 예루살렘에서 가사로 내려가는 길까지 가라 하니 그 길은 광야라." 이와 유사한 기록이 사도행전 8장 29절에도 나온다. "성령이 빌립더러 이르시되 이 병거로 가까이 나아가라."

여기에 내포된 세 가지 의미를 주목하라. 첫째, 우리는 하나님의 섭리 안에 거해야 한다. 하나님을 사랑하고 그분의 목적에 따라 부르심을 받았다면, 그분의 섭리는 언제나 우리에게 유익이 된다(롬 8:28). 이 사실은 우리 삶에서 근심을 없애주고, 우리로 하여금 명령과 분별력과 선포를 통한 하나님의 인도하심을 구하도록 이끈다.

둘째, 섭리를 통한 인도하심은 명령이나 분별력이나 선포를 통한 인도하심과 반대되는 일을 불러오기도 한다. 하나님께서는

"살인하지 말라"고 명하셨지만 하나님의 아들이 참혹한 죽음을 당하는 것이 그분의 섭리였다(행 4:28). 여기에는 많은 비밀이 있지만, 성경 속에는 하나님께서 말씀으로 금한 일이 일어나도록 허용하신 기록이 여러 군데에 나와 있다.

마지막으로, 우리가 하나님의 인도를 따라 정확하게 나아가고 있다는 확신은 섭리에서 명령, 분별력을 거쳐 선포로 나아갈수록 점점 커진다. 그런데 주관적 입장에서 깨달은 하나님의 선포는 모든 사람들에게 적용할 만한 공통점이 거의 없기 때문에 하나님께서 우리를 인도하시는 방법들 중에서 특히 남용되는 경향이 있다.

우리가 이런 방법으로 하나님의 뜻을 깨달았다는 확신은 하나님의 기록된 말씀과 직접 관련되어 있는 다른 방법에서 그리 큰 힘을 발휘하지 않는다. 정확한 결정을 내리는 데 필요한 구체적인 명령을 발견하지 못했을 때, 성경적인 원리에 따라 우리가 해야 할 일을 분별하는 방법은 성경 속에 정확히 명시된 명령을 발견했을 때보다 더 큰 확신을 가져다주지 못할 것이다.

하나님이 주권자이며 모든 것을 인도하신다는 진리는 다른 모든 방법들을 든든히 받쳐주는 견고한 바위다. 그 바위는 우리가 평안히 쉬어도 될 만큼 안전한 곳이다.

졸지 아니하시는 하나님

여호와께서 너로 실족지 않게 하시며
너를 지키시는 자가 졸지 아니하시리로다(시 121:3).

설교하기 전에 나는 찬양팀 및 기도팀과 함께 모여 기도한다. 찬양팀 리더는 목사인 나를 포함하여 이 예배와 예배 순서를 맡은 사람들을 위해 하나님께서 밤새 일하셨다고 말했다. 그는 하나님께 감사하며 우리를 위해 쉬지 않고 일하시는 하나님께 영광을 돌렸다.

이 얼마나 놀라운 진리인가! 크리스천이라면 누구에게나 해당하는 진리다. 이 진리에 기대어 용기를 얻으라. 시편 121편 2-3절은 그 사실을 명백히 드러내고 있다. "나의 도움이 천지를 지으신 여호와에게서로다 여호와께서 너로 실족지 않게 하시며 너를 지키시는 자가 졸지 아니하시리로다." 우리를 도우시는 분은 결코 졸지 않으신다. 그분은 밤마다 주무시지 않고 우리를 지키신다.

도움이 필요한가? 나 역시 그렇다. 그렇다면 당신은 어디에서 도움을 구하는가? 시편 기자는 산을 향하여 눈을 들고 묻는다. "나의 도움이 어디서 올꼬." 그리고 이렇게 대답한다. "나의 도움이 여호와에게서로다." 언덕도 아니고, 하나님께서 지으신 높은 산도 아니었다. 그는 두 가지 위대한 진리를 일깨워주고 있다. 하나는 하나님이 인생의 모든 문제를 극복하실 수 있는 능력의 창조주라는 사실이다. 다른 하나는 하나님께서 결코 주무시지 않는다는 것이다.

하나님은 지칠 줄 모르고 일하시는 분이다. 하나님이 우리 삶 속에서 일하시는 분이라고 생각해보라. 정말 놀랍지 않은가! 우리는 스스로를 하나님의 삶 속에서 일하는 일꾼으로 여기려는 경향이 있다. 그러나 놀랍게도 성경은, 하나님이 우리 삶 속에서 일하시는 분이라고 일러준다. "주 외에는 자기를 앙망하는 자를 위하여 이런 일을 행한 신을 예로부터 들은 자도 없고 귀로 깨달은 자도 없고 눈으로 본 자도 없었나이다"(사 64:4).

하나님께서는 주야로 쉬지 않고 우리를 위해 일하신다. 그분에게는 휴일도 없다. 그분은 주무시지도 않는다. 그분은 우리를 위해 일하시려는 너무나 강한 열망을 지니고 계시므로, 그분에게 전심으로 의지하려는 백성들을 위해 할 일이 더 없는지 항상 찾고 계신다. "여호와의 눈은 온 땅을 두루 감찰하사 전심으로 자기에게 향하는 자를 위하여 능력을 베푸시나니"(대하 16:9).

하나님께서는 당신을 의지하는 자들을 위해 일하심으로써 자신의 부단한 능력과 지혜와 선하심을 드러내신다. 예수님께서는 이러한 진리를 가장 분명하게 드러내셨다. "인자의 온 것은 섬김을 받으려 함이 아니라 도리어 섬기려 하고 … 주려 함이니라"(막 10:45). 예수님께서는 당신을 따르는 자들을 위해 일하며 그들을 섬기신다. 그분의 모습은 하나님께서 일하시는 모습을 그대로 드러내신다.

예수님께서는 이땅에 계실 때 우리를 위해 일하셨고, 승천하신 지금도 하늘에서 아버지와 함께 통치하며 계속 일하고 계신다. 바울은 이런 사실을 인상 깊게 경험했다. "그리스도께서 이방인들을 순종케 하기 위하여 나로 말미암아 말과 일이며 표적과 기사의 능력이며 성령의 능력으로 역사하신 것 외에는 내가 감히 말하지 아니하노라"(롬 15:18). 그리스도는 바울의 전 생애에서 그를 위해 일하셨다.

바울은 삶의 막바지에 이르러 마지막 서신에서 이렇게 말했다. "주께서 내 곁에 서서 나를 강건케 하심은 나로 말미암아 … 하려 하심이니"(딤후 4:17). 바울은 평생에 걸쳐 "내게 능력 주시는 자 안에서 내가 모든 것을 할 수 있느니라"(빌 4:13)라고 말할 수 있었다. 예수님은 위대한 일을 행하신 분이며, 놀라운 능력을 주시는 분이다.

우리를 위해 일하시는 하나님의 열심은 눈부실 정도다. 그분의 눈은 그분을 의지하는 자들을 위해 일할 기회를 찾느라 여기저기를 살피신다(대하 16:9). 그분은 선하심과 인자하심으로 우리를 평생 동안 지키신다(시 23:6). 그분은 우리가 도움을 구할 때까지 기다리시지 않는다. 그분은 우리를 도와주실 방법을 찾고 계신다. 그분은 이 모든 일들을 열심히 행하신다. "내가 그들에게 복을 주기 위하여 그들을 떠나지 아니하리라 하는 영영한 언약을 그들에게 세우고 나를 경외함을 그들의 마음에 두어 나를 떠나지 않게 하고 내가 기쁨으로 그들에게 복을 주되 정녕히 나의 마음과 정신을 다하여 그들을 이땅에 심으리라"(렘 32:40-41).

하나님께서 우리를 위해 밤새워 일하시는 것을 의아하게 여길 필요는 없다. 하나님께서는 그분을 의지하며 기다리는 자들을 위해 전심을 다하여 일하신다. 우리는 항상 기뻐하고(빌 4:4) 범사에 감사하며(엡 5:20) 모든 지각에 뛰어난 하나님의 평강을 소유해야(빌 4:7) 한다.

또한 아무것도 염려하지 않고(빌 4:6) 이 세상에서 자기 생명을 미워하며(요 12:25) 이웃을 내 몸과 같이 사랑해야(마 22:39) 한다. 이 모든 신앙의 모습들을 이루려면, 하나님께서 우리를 위해 일하고 계신다는 사실을 반드시, 그리고 진심으로 믿어야 한다.

정말 놀라운 진리가 아닌가! 이 얼마나 기가 막힌 사실인가! 하나님께서는 당신을 기다리는 자들을 위해 주야로 쉬지 않고 일하신다.

폭력, 추악함, 믿음 그리고 감사

오만과 신성모독에 대하여

하나님의 전능한 자비하심이 아니었으면 인류는 파국을 면치 못했을 것이다. 지난 역사를 돌이켜보면 마지막이 다가온 것처럼 보이는 절망적인 순간들이 여러 번 있었다. 그때마다 하나님께서 개입하여 크고 사악한 파도들을 물리쳐주셨다. 그럼에도 오늘날에도 계속해서 새로운 형태의 폭력들이 나타나고 있다.

신문 보도에 따르면 십대 소년들이 공공장소에서 여자 친구를 무시하고 때리며 학대하는 일이 빈번하게 일어난다고 한다. 가정 문제 전문가들은 특정 집단이 저지르는 폭력이 증가하고 있다고 말한다.

그중에는 경찰들도 꼼짝 못하게 만든 폭력 집단도 있었다. 그들은 경찰들이 모여 있던 건물의 유리창을 박살내고, 깨진 유리 조각을 경찰관들에게 마구 날렸다. 십대의 살인 사건은 1950-1990년 사이에 232%나 증가했고, 그들이 저지른 살인은 15-19세 사이의 미성년자들이 사망하는 주요 원인이 되었다.

이른바 스타라고 불리는 몇몇 연예인들은 하나님을 모독하는 악한 언행을 서슴없이 저지른다. 어떤 여배우는 텔레비전 쇼에 나와 동성연애자인 여성과 입맞추는 장면을 보여주었다. 그뿐 아니라 자신이 영화에서 맡은 배역에 대해 이야기하면서 이렇게 말했다. "나는 무신론자예요. 그렇기 때문에 즐거운 일이 많아요. 그리스도 그림에 침을 뱉는 것은 정말 재미있어요. 특히 여자의 입장에서 모든 시대를 통해 여성들을 못살게 굴고 억압했던 남성 신을 받아들일 수 없어요."

성경은 분명히 경고하고 있다. "말세에 고통하는 때가 이르리니 사람들은 자기를 사랑하며 돈을 사랑하며 자긍하며 교만하며 훼방하며 부모를 거역하며 감사치 아니하며 거룩하지 아니하며"(딤후 3:1-2). 은혜를 망각하고 교만하며 욕설을 퍼붓고 불순종하는 일들이 주변에서 얼마나 빈번하게 일어나고 있는지 주목해보라. 이런 현상은 주의깊게 살펴봐야 한다.

다른 본문에서 바울은 이렇게 말했다. "누추함과 어리석은 말이나 희롱의 말이 마땅치 아니하니 돌이켜 감사하는 말을 하라"(엡 5:4). 이 구절로 미루어볼 때, '감사'는 추악함과 폭력과 상반되는 개념인 것을 알 수 있다.

감사하는 마음은, 하나님의 약속을 믿는 신앙과 마찬가지로 교만한 태도가 아니라 겸손한 자세다. 자기를 내세우지 않고 다른 사람을 높이는 것이다. 우리의 필요를 채워준 다른 이들의 호의에 대해 정중한 태도를 취하는 것이다. 화를 내거나 비통한 마음을 품는 게 아니라 다정한 마음을 갖는다.

감사의 마음을 열고 비탄함과 추함 그리고 무례함과 폭력을 극복할 수 있는 비결은 창조주이고 생명의 주인이며 소망을 주시는 분인 하나님께 전적으로 의존하는 것뿐이다. 우리가 가지고 있는 것과 갖고자 소망하는 모든 것을 위해 하나님께 깊이 의지하고 있다는 사실을 믿지 않는다면, 감사와 믿음의 샘은 곧 말라버릴 것이다.

우리가 하나님의 자비하심에 전적으로 의존하고 살아왔음을 기억한다면 감사의 불꽃은 뜨겁게 타오를 것이다. 장래의 은혜에 대한 약속을 숙고하면 믿음이 불일듯 일어난다. 감사는 과거 지향적인 의존 관계이며, 믿음은 미래 지향적인 의존 관계다. 두 가지 의존 형태는 모두 자기를 내세우지 않고 하나님만 높이고 찬양하는 겸손한 태도에서 비롯된다. 바로 이런 이유 때문에 감사와 믿음은 비천함이나 폭력과 완전히 상반된다.

폭력, 신성 모독, 추악함, 불순종 등은 하나님과 관련되어 있는 문제다. 가장 근본적인 문제는 과거에 대한 감사와 미래에 대한 믿음과 더불어 하나님께 의존하려는 마음을 상실한 것이다. 하나님께 드리는 감사와 믿음의 샘물이 말라버리면 그 아래에 있는 복된 감사의 마음과 용기의 연못도 곧 말라버린다. 감사와 믿음이 점점 사라지면 고집스러운 자아는 쾌락을 추구하기 위해 더 많은 부패와 죄악을 용납하게 된다.

이 세상에 무수한 죄악을 퍼뜨린 오만함에 빠지지 않도록 우리의 마음을 지켜주소서! 하나님께서 지금까지 우리를 위해 행하신 모든 일들에 겸허하게 감사하고, 우리를 위해 은혜를 베푸시겠다는 장래의 모든 약속을 겸손하게 신뢰하는 것, 그것이 문제 해결의 열쇠다.

무신론을 위한 자리

다원주의 세상과 **하나님의 주권**

교회는 '하나님의 주권에 대한 열정을 모든 영역에 확산시켜서 누구나 기쁨에 동참하게 만드는' 목적을 이루기 위해 존재한다. 그것이 바로 교회의 사명이다. '모든 영역'이란 사업, 기업, 교육, 미디어, 스포츠, 예술, 레저, 행정 등을 비롯해 인간의 삶을 이루는 세부적인 요소 전체를 말한다.

하나님께서 지으신 피조물인 인간은 누구나 하나님을 최고의 주권자로 인정하고 신뢰해야 한다는 개념이다. 하지만 성경은 예수님께서 다시 오시기까지, 인간들이 자발적으로 하나님을 대주재로 섬기는 일 따위는 결코 일어나지 않을 것이라고 담담하게 가르친다(살후 1:6-10).

다원주의 세상에 속한 대부분의 사람들은 하나님을 그들 삶의 주요한 부분으로 인정하지 않을 뿐 아니라 정부나 교육, 사업과 산업, 예술과 여가 또는 연예 등을 더 중요하게 여기고 있다. 그렇다면 우리는 이처럼 다원적인 세상 속에서 어떻게 하나님의 주권을 드러내야 할까? 다섯 가지 방법을 제시해보겠다.

첫째, 하나님께서 영원토록 살아 계시고 모든 만물에 가장 중요한 의미를 부여해주심을 항상 확신하라.

하나님은 만물의 창조주이며 유지자이고 통치자다. 우리는 만물이 하나님의 무한한 완전하심의 일부를 드러내기 위해 존재한다는 진리를 항상 마음에 담고 있어야 한다. 구두끈에서 우주선에 이르기까지 만물들의 완전한 의미는 하나님과 관계를 맺을 때 선명하게 드러난다.

둘째, 어떤 상황 속에서도 하나님을 신뢰하라.

하나님은 당신을 사랑하는 자들에게 유익을 주기 위해, 이 땅을 창조하고 유지하고 다스리는 지혜와 능력을 동원해 모든 일들이 합력하여 선을 이루신다. 이것은 하나님께서 예수님 안에서 우리에게 약속하신 장래의 모든 은혜를 기대하는 믿음이다.

셋째, 하나님께서 지니신 최고의 가치가 세상에서 인정받는 어떤 가치보다 더 뛰어나다는 진리를 드러내기 위해 살겠다는 인생의 목표를 세우라.

변함없는 하나님의 사랑은 인간의 생명보다 더 위대하다(시 63:3). 그러므로 하나님과 맺고 있는 좋은 관계를 상실하는 것은 죽음보다 더 두려운 일이다. 하나님은 우리가 삶 속에서 누리는 그 어떤 것보다 더 뛰어나신 분이다.

넷째, 하나님께서 지니신 최고의 가치를 창조적이며 확신 있는 태도로 사람들에게 전해야 한다.

어떻게 그들이 그리스도를 통해 하나님과 화해할 수 있는지 일러주고, 그럼으로써 하나님의 주권을 심판의 능력으로 여겨 두려워하기보다는 보호와 도우심의 근원으로 여기고 즐거워하라.

다섯째, 우리가 다원적이며 민주적인 사회 질서에 순응하며 살아가는 토대는 하나님 한 분뿐이라는 사실을 명심하라.

다원주의가 하나님의 궁극적인 이상이기 때문이 아니라, 타락한 세상에서 강압적인 자세로는 하나님나라를 이룰 수 없기 때문이다. 크리스천들은 자연론자들과 유물론자들을 포함해 비기독교인들의 신앙을 위한 장소를 내주는 데 동의해야 한다. 그것은 하나님의 최고 주권이 중요하지 않기 때문이 아니라, 자발적으로 이루어지지 않은 헌신은 아무 가치가 없기 때문이다.

무신론을 위한 자리를 내줄 때에는 하나님을 중심에 둔 토대를 잃지 말아야 한다. "만일 내 나라가 이 세상에 속한 것이었더면 내 종들이 싸워 나로 유대인들에게 넘기우지 않게 하였으리라"(요 18:36). 하나님께서 각종 무기가 아닌 믿음이라는 초자연적인 기적을 통해 하나님나라를 세워가신다는 사실은, 이 세대의 크리스천들이 강압적인 정부를 지지해서는 안 된다는 것을 의미한다. 당신은 그리스도의 사람으로 살 것인가, 아니면 세상에 속한 사람으로 살 것인가?

바로 이런 이유 때문에 우리는 공공장소에서 크리스천들의 활동을 금지시키는 몇몇 법안들에 담겨 있는 강제적 세속화 정책(교육을 종교에서 분리시키려는 정책)에 반대한다. 기독교 원리를 국가의 법으로 세우고 싶어서 그와 같은 반대 운동을 펼치는 것이 절대로 아니다. 그런 일은 하나님나라가 지닌 영적인 본질 때문에 근본적으로 불가능하다. 오히려 자유로운 종교 활동과 다양한 신앙에 대한 억압은 불신자들은 물론이고 크리스천에게도 악영향을 미칠 수 있다. 이와 같은 관대함은 그리스도가 전해주신 복음의 본질에 뿌리를 내리고 있다. 어떤 의미에서 보면 관용은 상당히 실용적인 성품이다. 자유와 민주주의는 인간이 생각할 수 있는 최고의 정치 체제처럼 보인다.

그러나 크리스천들에게 관용은 순전히 실용적인 것만은 아니다. 하나님나라가 지닌 영적이고 관계적인 본질은 크리스천들이 다원주의를 용인하는 토대다. 그리스도가 다시 오실 때까지 우리는 완전한 권리와 권한을 가질 수 없다.

하나님의 주권에 대한 열정을 삶의 모든 영역으로 확산시키자. 그러나 그 일은 강제적인 방법이 아닌 흔들리지 않는 확신을 통해 추진해야 한다. 물론 물리적 힘으로 또는 암묵적으로 신앙을 제한하거나 억압하지 않고, 자유로운 신앙생활을 허용하는 정부 형태는 잘 보존해야 할 것이다.

때를 따라 돕는 은혜

> 그러므로 우리가 긍휼하심을 받고
> 때를 따라 돕는 은혜를 얻기 위하여
> 은혜의 보좌 앞에 담대히 나아갈 것이니라(히 4:16).

"담대하게 은혜의 보좌 앞으로 나아가자 그리하여 시기 적절한 도움을 위한 긍휼하심을 받고 은혜를 얻자"(저자 번역).

이 말씀에 대한 나의 번역은 전통적 번역과는 약간 다르다. 원문을 직역하면 '필요한 때에 도움을 주시는 은혜를 얻기 위하여'라는 말이다. 그러므로 '시기 적절한 도움을 위한 은혜'라는 번역 역시 정확하다고 볼 수 있다. 두 번역 사이에 모순되는 점은 없다. 전통적 번역은 우리의 필요에 초점을 두고, 나중의 번역은 하나님께서 정하신 적절한 시기에 더 주목하고 있을 뿐이다.

나는 하나님께서 정하신 시간에 초점을 맞출 필요가 있다고 생각한다. 우리는 필요를 느낄 때, 하나님께서 그것을 충족시켜 주시는 시기에 매우 집착한다. 하나님이 당장 나서서 행동해주시기를 원하는 것이다! 하나님의 은혜는 하나님이 정하신 때에 하나님이 정하신 방법대로 나타날 것이라고 생각하는 것이 마땅하지만, 우리 입장에서는 그것을 기다리기가 그리 쉽지 않다. 하지만 히브리서 4장 16절은 우리에게 어떤 은혜가 필요한지 알려줄

뿐 아니라 그 은혜가 베풀어지는 시기까지 하나님께 맡겨야 한다는 사실을 상기시켜주고 있다.

이런 사실을 안다면 기도하는 우리의 태도가 달라질 것이다. 하나님께서 정하신 시기는 종종 우리의 예상과 전혀 다를 때가 있다. 그러나 이것은 그리 놀랄 일은 아니다. "주께는 하루가 천 년 같고 천 년이 하루 같기"(벤후 3:8) 때문이다. 하나님께서는 천 년의 세월을 단 하루로 집약시킬 수 있고, 하루에 가능한 일을 천 년에 걸쳐 행하실 수도 있다. 하나님은 시간을 줄이는 데 전혀 부담을 느끼지 않으며, 금방 하실 수 있는 일을 오랜 기간에 걸쳐 행하면서 서두르지도 않으신다. 베드로의 말처럼 "주의 약속은 어떤 이의 더디다고 생각하는 것같이 더딘 것이 아니다"(벤후 3:9).

그러므로 '시기 적절한 도움' 이 전혀 예상 밖의 때에 나타난다고 해서 놀랄 필요는 없다. 우리의 생각보다 더 뛰어나신 하나님의 시각은 언제나 최상의 가치를 지닌다. 우리는 항상 그분의 은혜 가운데 산다. 그분이 주시려는 은혜가 어떤 것이며 언제 나타날 것인지 속단하지 말고 전적으로 그분에게 맡겨야 한다.

나는 언제나 모든 면에서 하나님의 도우심을 필요로 한다. 하나님의 도우심 없이 한 발짝이라도 움직일 수 있다고 생각한다면 그것은 스스로를 속이는 꼴이다. 왜냐하면 하나님은 '만민에게 생명과 호흡과 만물을 친히 주시는 자' (행 17:25)이기 때문이다.

나는 믿음이 연약하기 때문에 하나님의 도우심이 필요하다.

나는 시들해진 열정에 불을 붙이는 데 하나님의 도우심이 필요하다.

나는 복음을 전하는 능력을 얻는 데 하나님의 도우심이 필요하다.

나는 진정한 예배를 드리는 데 하나님의 도우심이 필요하다.

나는 의롭게 사는 용기를 얻기 위해 하나님의 도우심이 필요하다.

나는 십대 청소년들을 하나님 중심적이고 겸손하며 공손한 젊은이들로 변화시키기 위해 하나님의 도우심이 필요하다.

나는 선교사들에게 소망과 기쁨과 담대함을 심어주기 위해 하나님의 도우심이 필요하다.

나는 앞으로의 계획을 이끌어나가기 위해 하나님의 도우심이 필요하다.

나는 그외에도 무수히 많은 요구와 압박감과 즐거운 가능성들 때문에 하나님의 도우심이 필요하다.

나는 하나님께서 주권적으로 정하신 때에 대해 생각하기를 좋아한다. 다니엘은 하나님에 대해 '때와 기한을 변하시며'(단 2:21)라고 말했다. 그 말은 우리 삶과 가정과 교회에 적절하고 무한한 복이 임할 시기는 전적으로 하나님의 손에 달려 있다는 뜻이다. 하나님은 우리에게 복 주실 때를 주권적으로 정함으로써 우리의 지혜가 아닌 하나님 당신의 지혜를 돋보이게 하신다.

하나님께서는 우리의 지속적인 만족보다는 신앙의 인내에 훨씬 더 관심이 많으시다. 하나님이 정하신 때가 되면 우리는 상상 이상의 은혜를 받게 될 것이다. 그 은혜는 언제나 '시기 적절하게 도움을 주시는 은혜'다. 하나님께서 정하신 은혜의 시기와 내용을 보면 그분의 자비하심이 잘 드러난다. 우리의 믿음은 하나님께서 베푸시는 은혜와 그때에 바탕을 두고 있다.

따라서 히브리서 4장 16절의 초대는 내게 매우 소중하다. 나는 도움이 필요하지만 도움을 받을 자격은 없는 사람이다. 그럼에도 하나님께서는 도움을 주신다. 왜냐하면 그분의 보좌는 은혜 받을 가치가 없는 자들을 도우시는 은혜의 보좌이기 때문이다. 하나님께서는 도움이 필요한 모든 이들에게 '때를 따라 돕는 은혜'를 주신다. 우리가 할 일은 하나님께 담대히 나아가 은혜의 보좌로부터 은혜를 '얻고' 긍휼하심을 '받는' 것이다. 하나님께서 우리의 기도를 들으시고 가장 적절한 때에 도우실 것을 믿어야 하는 이유는 많고도 많다.

하나님의 은혜의 보좌에 담대하게 나아가 우리를 위해 준비하신 은혜를 얻자. 하나님께서는 우리에게 최상의 유익을 주기 위해 주권적으로 그 은혜를 계획하고, 주권적으로 그 은혜의 시기를 정하셨다.

하나님의 진노에서 벗어나라

구원받은 기쁨에 전율하며

아이를 잃어버렸거나 절벽에서 미끄러지거나 익사할 뻔 했던 위기의 순간들을 기억하고 있는가? 천신 만고 끝에 위기를 넘기고 구조되었다면 그 기억은 더욱 오래 갈 것이다. 고귀한 생명을 잃지 않기 위해 안간힘을 쓰며 죽음을 맞이한다는 생각으로 떨었을 것이다. 그래서 행복하다. 너무도 행복하고 감사하다. 너무나 기뻐서 전율을 느낀다.

매년 연말이 되면 나는 하나님의 진노로부터 구원받은 것에 대해 안도감을 느끼며 두려움 속에서 기쁨을 느낀다. 미네소타는 추운 지방이므로 성탄절이 다가오면 벽난로에 불을 피우는데, 한 번은 난로 속의 석탄이 너무 뜨겁게 달아올라 불을 조절하려다 손에 화상을 입은 적이 있다. 나는 황급히 손을 빼면서 범죄함으로 인해 지옥에서 당하게 될 하나님의 무서운 진노를 생각했다. 몸이 떨려왔다. 하나님의 진노를 어떻게 말로 다할 수 있을까?

몇 년 전 성탄절 오후에 몸 전체에 87% 화상을 입은 한 여인을 심방했다. 그녀는 8월부터 병원에 있었다. 그녀를 보자 마음이 무너져내리는 것 같았다. 하지만 "주의 인자가 생명보다 나으므로 내 입술이 주를 찬양할 것이라"(시 63:3)는 말씀이 그녀에게 소망을 가져다준 것을 보며 놀라움과 기쁨에 몸을 떨었다. 하나님께서는 당신을 의지하는 자를 결코 버리지 아니하고 언제나 도와주신다(사 41:10, 히 13:5). 나는 그 자리에서 그녀가 이 세상에서 당하는 고통뿐만 아니라 예수님을 믿지 않았으면 구원받지 못하고 당했을 영원한 고통에 대해서도 생각해보았다.

이처럼 하나님의 진노를 생각하면서 두려워하며 기뻐하는 자세가 한 해를 제대로 마감하는 방법이 될 수 있지 않을까?

바울은 하늘로부터 강림하실 주님이 "장래 노하심에서 우리를 건지시는 예수시니라"(살전 1:10)며 기뻐했다. 그는 "오직 당을 지어 진리를 좇지 아니하고 불의를 좇는 자에게는 노와 분으로 하시리라"(롬 2:8)고 경고했다. 또한 "이를 인하여 하나님의 진노가 불순종의 아들들에게 임하나니"(엡 5:6)라는 경고도 했다.

나는 성경의 마지막 책인 요한계시록을 읽으면서 한 해를 마무리한다. 요한계시록은 하나님의 승리를 얘기하는 영광스러운 예언이며 '값 없이 생명수를 받는'(계 22:17) 모든 자들에게 영원한 기쁨의 소식이다. 더 이상 눈물, 고통, 애통, 슬픔, 죽음은 없다(계 22:4).

그러나 회개하지 않고 예수님의 증거를 굳게 붙잡지 않은 자들은 요한계시록을 보며 공포에 휩싸인다. '사랑의 사도'였던 요한이 묘사한 하나님의 진노는 상상조차 할 수 없을 정도로 끔찍하다. 하나님의 사랑을 거부한 자는 "하나님의 진노의 포도주를 마시리니 그 진노의 잔에 섞인 것이 없이 부은 포도주라 거룩한 천사들 앞과 어린양 앞에서 불과 유황으로 고난을 받으리니 그 고난의 연기가 세세토록 올라가리로다 짐승과 그의 우상에게 경배하고 그 이름의 표를 받는 자는 누구든지 밤낮 쉼을 얻지 못하리라"(계 14:10-11). "누구든지 생명책에 기록되지 못한 자는 불못에 던지우더라"(계 20:15).

예수님께서는 "친히 하나님 곧 전능하신 이의 맹렬한 진노의 포도주 틀을"(계 19:15) 밟으신다. "성 밖에서 그 틀이 밟히니 틀에서 피가 나서 말 굴레까지 닿았고 일천육백 스다디온에 퍼졌더라"(계 14:20).

나는 구원받았기에 기뻐하며 전율한다. 하나님의 거룩한 진노는 두렵고 무섭게 나타난다. 형제 자매들이여, 하나님의 진노에서 벗어나라. 온 힘을 다해 하나님의 진노를 피하라. 그리고 최대한 많은 이들에게 구원의 길을 알려주라. 죄인 하나가 회개하면 하늘에서는 회개할 것 없는 의인 아흔아홉으로 인하여 기뻐하는 것보다 더 큰 기쁨이 일어난다고 했는데 이것은 어쩌면 당연한 일인지도 모른다(눅 15:7).

고귀하고 능력 있는 꾸짖음

모든 것 위에 뛰어난 그리스도의 주권

● 시몬의 장모의 열병을 꾸짖으심

예수께서 가까이 서서 열병을 꾸짖으신대 병이 떠나고 여자가 곧 일어나 저희에게 수종드니라(눅 4:39).

● 바람과 물결을 꾸짖으심

제자들이 나아와 깨워 가로되 주여 주여 우리가 죽겠나이다 한대 예수께서 잠을 깨사 바람과 물결을 꾸짖으시니 이에 그쳐 잔잔하여지더라(눅 8:24).

● 더러운 귀신의 잔혹함을 꾸짖으심

올 때에 귀신이 거꾸러뜨리고 심한 경련을 일으키게 하는지라 예수께서 더러운 귀신을 꾸짖으시고 아이를 낫게 하사 그 아비에게 도로 주시니(눅 9:42).

위의 구절들은 어떤 세력이라도 저항할 수 없었던 예수님의 꾸짖으심을 실제로 보여주고 있다. 그런 일들은 자신의 의지가 아니라 예수님의 능력으로 멈춰졌다. 열병은 세포 속에서 일어나는 화학반응이다. 감염에 대한 신체의 반응으로 몸에 과다한 열이 나는 것이다. 열병은 분자와 전자 그리고 물리학과 화학의 법칙과 관련 있다.

예수님께서는 신적인 능력으로 만물의 여러 가지 법칙들을 오래 전에 고안하셨고(골 1:16), 또한 그분의 신성으로 만물을 유지하고 그것들이 매일 우리를 위해 작용하게 하셨다(골 1:17, 히 1:3). 그분은 인간이 되어 만물의 법칙 속으로 들어오셨고 그 아래 복종하셨다. 그리하여 그분은 만물의 필연적인 불변함에 의해 죽음을 당하셨다.

그러나 예수님은 이 세상에서 당신의 말씀이 물리학이나 화학 법칙들보다 더 뛰어남을 나타내셨다. 예수님께서 말씀하시자 그 능력으로 감염에 의한 열병이 사라졌다.

물결은 바람에 의해 일어나고, 바람은 열과 냉기의 팽창 및 수축 효과로 말미암아 발생한다. 냉기는 물건을 수축시키고 열은 물건을 팽창시킨다. 그것조차도 예수님께서 고안하신 것이다. 이러한 법칙들은 열병의 원인이 된 법칙들과 다를 바 없다. 이것 역시 예수님께서 말씀으로 다스리셨다. 그분의 꾸짖으심에는 의지뿐만 아니라 능력도 담겨 있었으므로 물리학의 법칙으로 생긴 현상도 뒤바꿔놓았다.

실질적인 원인은 물질이 아닌 정신이었다. 그리스도가 분명한 의도를 가지고 어떤 일을 생각하셨을 때 그 일은 구체화되었다. 그리스도의 정신이 어떠한 현상과 그 현상의 배후에 있는 법칙 — 그리스도가 고안하신 — 들에 대해 승리하셨을 때, 바람은 잠잠해졌고 열병은 사라졌다.

그리스도는 마음의 의도만으로 물질을 창조하셨다. 또 마음의 의도만으로 만물을 유지하고 계신다. 또한 마음의 책망만으로 물질의 상태를 변화시키셨다. 물질은 그리스도의 생각에 그 기원과 존재와 안정성 모두를 전적으로 의존하고 있다.

우주 속에는 그리스도의 정신 외에도 다른 정신들이 있다. 예를 들면, 더러운 귀신과 같은 것이다. 그들은 물질이 아니라 비물질적인 정신이다. 그들 역시 나름대로 의도를 가지고 있다. 그러나 그리스도가 귀신들을 다루시는 모습을 기록해놓은 복음서 이야기는 한 가지 사실을 분명하게 보여준다. 그리스도의 영이 다른 영들도 다스리신다는 사실이다. 하나님께 반역하든 복종하든 피조된 정신들은 그리스도의 창조 정신에 지배를 받는다.

모든 정신과 물질은 그리스도의 명령으로 존재하게 되었다. 그분이 창조하시고 유지하시며 다스리시는 것이다. 질병, 바람, 악한 영들을 다스리기 위해 그분은 마술이나 마법이 필요하지 않다. 오로지 의도하실 뿐이다.

마법을 써야 할 만큼 그리스도의 능력을 능가하는 힘은 없다. 존재하는 모든 것들은 그리스도의 의지에 의존하고 있다. 그분이 의도하시면 무언가가 사라진다. 그분이 의도하시면 무언가가 변화된다. 그분이 의도하시면 무언가가 유지되고 치료되며 영원토록 고이 간직된다.

오늘 우리가 만지고 느끼고 보고 생각하는 것 가운데 그리스도와 별개로 존재하는 것은 하나도 없다. 이 말은 우리를 완전히 둘러싸고 있으며, 생명을 유지해주고, 우리의 모든 것을 다스리시는 분 앞에서 우리가 철저하게 겸손한 자세를 지녀야 한다는 뜻이 아니겠는가? 그분이 우리를 이토록 사랑하시므로, 불굴의 확신을 지니고 그 앞에 나아가는 것 외에 우리가 무엇을 할 수 있겠는가?

하나님도 후회하시는가?

하나님의 마음에 대하여

성경에는 하나님께서 자신이 과거에 행하셨던 어떤 행동에 대해 후회하셨다는 기사가 두 군데 나와 있다(창 6:6-7, 삼상 15:11). 앞으로 행하려 하신 일에 대해 후회하거나 뜻을 돌이키신 경우는 적어도 열다섯 번 정도 나타나 있다(출 32:12-14, 삼하 24:16, 대상 21:15, 시 106:45, 렘 4:28, 18:8, 26:3, 13, 19, 42:10, 욜 2:13-14, 암 7:3, 6, 욘 3:9-10, 4:2).

그러나 성경은 또한 하나님께서 후회하거나 뉘우치지 않으신다는 말씀도 들려준다. 예를 들어, 시편 110편 4절에는 "여호와는 맹세하고 변치 아니하시리라"라는 말씀이 기록되어 있다. 에스겔서 24장 14절에서 하나님께서는 이렇게 말씀하신다. "나 여호와가 말하였은즉 그 일이 이룰지라 내가 돌이키지도 아니하며 아끼지도 아니하며 뉘우치지도 아니하고 행하리니 그들이 네 모든 행위대로 너를 심문하리라 나 주 여호와의 말이니라." 또한 예레미야서 4장 28절에서 "내가 이미 말하였으며 작정하였고 후회하지 아니하였은즉 또한 돌이키지 아니하리라"고 말씀하셨다.

위의 구절보다 더욱 중요한 본문들은 하나님께서 후회하신다면 인간과 다를 바가 없을 것이라고 말하는 구절들이다. 이를 달리 표현한다면, 하나님께서 후회나 뉘우침의 필요로부터 완전히 자유로우신 것은 그분의 신성에 근거하고 있다는 말이다. 하나님이 하나님 되신다는 것은 곧 그분이 후회하실 수 없음을 뜻한다.

> 하나님은 인생이 아니시니 식언치 않으시고
> 인자가 아니시니 후회가 없으시도다(민 23:19).

> 이스라엘의 지존자는 거짓이나 변개함이 없으시니
> 그는 사람이 아니시므로 결코 변개치 않으심이니이다(삼상 15:29).

바로 위에 제시된 마지막 구절은 하나님께서 사울을 왕으로 세우신 것을 후회하시는 이야기 속에 포함되어 있는 내용이다(삼상 15:11, 35). 따라서 이와 같은 두 가지 견해가 서로 상충된다고 해서 다른 저자들로부터 비롯된 것이라고 생각할 필요는 없다.

오히려 하나님께서 후회하시는 문맥과 후회하시지 않는 문맥의 차이점과 의미를 이해해야 한다. 하나님께서 후회하시지 않는다는(삼상 15:29, 민 23:19) 강력한 선언은 인간의 제한된 범주에 대입시키지 못하도록 하려는 의도에서 비롯되었다. 하나님의 후회는 인간의 것과 같지 않다. 즉 하나님께서는 우리처럼 예기치 않은 사건의 반전에도 당황하거나 방심하지 않으신다는 말이다. "보라 전에 예언한 일이 이미 이루었느니라 이제 내가 새 일을 고하노라 그 일이 시작되기 전이라도 너희에게 이르노라"(사 42:9). 게다가 하나님께서는 아무런 죄도 범치 않으신다. 따라서 그분의 후회는 선견지명의 부족이나 죄악으로부터 오는 것이 아니다.

하나님의 후회는 지나간 일이나 다가올 어떤 사건에 대해 다른 태도와 행동을 보이시려는 의지의 표현이다. 이 말은 그분이 이땅의 사건들에 대처하지 못하신다는 의미가 아니다. 사건들의 반전(이것 역시 하나님이 명하신 것이다 — 엡 1:11)은 지금까지 있어왔던 태도보다는 현재의 사정에 더욱 적합한 다른 태도를 요구한다. 하나님의 마음은 '변한다.' 그 이유는 예기치 못한 상황에 따라 그분의 마음이 반응하기 때문이 아니다. 이 세상 사건들이 변화되도록 그분이 직접 명령하신 길에 일치하게 그분이 마음을 정하시기 때문이다.

하나님의 불변하심과 견고하심에 대해 가지고 있는 확신은, 그분이 새롭게 다가오는 상황에 반응하시지 않는다는 잘못된 생각에 근거하고 있지 않다. 그보다는 하나님께서 이땅의 모든 일들을 전혀 오류 없이 계획하고 알고 계시며, 자신의 계획에 따라 마음을 정하고 반응하신다는 믿음에 근거한다.

이와 같은 확신과 더불어 하나님의 약속에 내포된 고귀함을 분명히 인식하라. 그러면 어떤 비바람에도 견딜 수 있는 견고한 반석 위에 서게 될 것이다.

다시 태어나라는 명령

죽음에서 일어남

다시 태어나라는 주님의 명령에 어떻게 순종할 것인가?

먼저 이 질문에 대답해보라. 예수님께서 나사로에게 죽음에서 일어나라고 명령하셨을 때, 나사로는 그 명령에 어떻게 순종했는가? 요한복음 11장 43절에는 "이 말씀을 하시고 큰 소리로 나사로야 나오라 부르시니"라고 기록되어 있다. 그 명령은 죽은 자에게 내린 것이었다. 이어지는 구절에서는 이렇게 말한다. "죽은 자가 수족을 베로 동인 채로 나오는데 그 얼굴은 수건에 싸였더라" (요 11:44).

어떻게 나사로는 무덤에서 나올 수 있었는가? 어떻게 죽은 자가 다시 살아나라는 명령에 순종할 수 있는가? 여기에 대한 대답을 다음과 같이 생각해볼 수 있다. 예수님의 명령은 새로운 생명을 창조할 능력을 가지고 있었다. 그 명령에 순종한다는 것은 살아 있는 사람이 무언가를 한다는 의미다.

이것은 아주 중요한 말이다. "죽음에서 일어나라"는 하나님의 명령에는 우리가 그 명령에 순종하는 데 필요한 능력이 담겨 있다는 것이다. 우리가 그 생명을 스스로 창조해서 명령에 순종하는 것이 아니다. 우리는 다만 살아 있는 사람이 할 수 있는 일들을 행함으로써 그 명령에 순종한다.

이것은 죽었던 나사로가 산 사람이 되어 무덤에서 걸어나온 것을 보면 분명히 알 수 있다. 그는 죽음에서 일어났다. 그리고 예수님께로 걸어나왔다. 하나님의 부르심이 생명을 창조해낸 것이다. 이렇듯 우리는 부르심이 창조해낸 힘으로 말미암아 그 명령에 반응한다.

바울은 에베소서 5장 14절에서 이렇게 말한다. "잠자는 자여 깨어서 죽은 자들 가운데서 일어나라 그리스도께서 네게 비취시리라."

잠에서 깨어나라는 명령에 어떻게 순종할 것인가? 일산화탄소가 가득 찬 집 안에서 자고 있는데 누군가가 "일어나! 어서 여기를 빠져나가 목숨을 구해!"라고 소리쳤다고 하자. 그때 우리는 스스로 일어나 그 말에 따르는 것이 아니다. 큰 소리로 들려오는 강력한 명령 자체가 우리를 깨어나게 한 것이다.

우리는 깨어 있는 사람들이 위험에 직면했을 때 취하는 것 같은 행동으로 그 명령에 복종한다. 일어나서 집 밖으로 나간다. 명령하는 큰 소리가 우리로 하여금 일어나게 했다. 우리는 부르심이 만들어내는 힘에 반응한 것이다.

성경이 다시 태어남에 관한 역설적인 사실을 말하는 이유를 위의 예로 설명할 수 있다. 우리는 새로운 마음을 지녀야 한다.

그런데 그 새로운 마음을 창조하는 분은 하나님이다. 예를 들어 보자.

> 너희는 마음에 할례를 행하라(신 10:16).
> 네 하나님 여호와께서 네 마음과 네 자손의 마음에 할례를 베푸사 (신 30:6).
> 너희는 … 마음과 영을 새롭게 할지어다(겔 18:31).
> 새 영을 너희 속에 두고 새 마음을 너희에게 주되(겔 36:26).
> 네게 거듭나야 하겠다(요 3:7).
> 우리를 거듭나게 하사 산 소망이 있게 하시며(벧전 1:3).

"너희는 마음에 할례를 행하라"는 말씀은 마음의 할례를 받은 사람처럼 행하라는 의미다. 하나님에 대해 민감하며 죄를 멀리하라. 전적으로 하나님을 향하여 살고 세상으로부터 멀어져라. 이 모든 것은 하나님의 약속이 있으므로 할 수 있는 일들이다.

"네 하나님 여호와께서 네 마음과 네 자손의 마음에 할례를 베푸사." 빌립보서 2장 12-13절은 "너희 구원을 이루라 너희 안에서 행하시는 이는 하나님이시니 자기의 기쁘신 뜻을 위하여 너희로 소원을 두고 행하게 하시나니"라고 말한다. "너희 구원을 이루라"는 말은 "너희는 마음에 할례를 행하라"는 말과 일치한다. "너희 안에 행하시는 이는 하나님이시니"라는 표현은 "네 하나님 여호와께서 네 마음에 할례를 베푸신다"는 말에 해당한다. 다시 말하자면, 우리의 행동이 하나님의 행동하심에 의존하고 있다는 뜻이다. 하나님이 시작하고 하나님이 가능하게 하신다.

이와 같은 맥락에서 "너희는 마음을 새롭게 하라"는 명령은 우리가 새로운 마음에서 비롯된 새로움 안에서 행동하며 더욱 더 새로움으로 나아가야 한다는 의미를 담고 있다. "새 영을 너희 속에 두겠다"는 약속은 하나님이 새로운 마음을 부여해주시는 궁극적인 창조주임을 말해준다. 하나님께서 우리에게 새 마음을 주시고 우리는 그 마음의 능력 가운데서 행동한다.

새롭게 태어나라는 명령에 순종하기 위해서는, 먼저 영적인 삶과 영적인 호흡이라는 거룩한 은사를 경험하며 또한 영적으로 살아가며 호흡하는 자들처럼 살아가면 된다. 믿음과 감사와 사랑 안에서 하나님께 나아가며 그분의 도우심을 구하는 것이다.

마음을 새롭게 하라는 하나님의 명령이 창조와 변화를 일으키는 성령님의 능력과 함께 임할 때 새로운 삶이 시작된다. 그 명령이 이처럼 새로운 삶을 창조하는 방법으로 임한다는 증거는 무엇인가? 그 증거는 우리가 새로운 삶과 믿음과 소망과 기쁨으로 그 명령에 반응하는 사실에서 찾아볼 수 있다. 우리의 내면에서 그와 같은 반응이 일어난다면, 우리는 하나님으로 인하여 새롭게 태어나게 될 것이고, 그럼으로써 하나님의 명령에 순종하게 될 것이다.

당신은 새롭게 태어났는가? 새 마음을 가지고 있는가? 영적으로 죽음에서 일어났는가? 이러한 모든 일들은 당신의 신앙적인 반응 속에서 하나님께서 일으키시는 그분의 역사다. 겸손하게 신뢰하는 마음으로 하나님의 명령에 순종하라. 바로 그 순종의 행동 속에 하나님의 주권적인 간섭하심이 있음을 잊지 말라.

고통과 하나님의 능력

재난의 이유를 묻는 이들에게

수년 전 방글라데시에 폭풍과 홍수로 엄청난 인명 피해가 발생했다. 수만 명의 사람들이 목숨을 잃었다. 인류 역사 속에 그와 같은 재난은 무수히 많이 일어났지만, 특별히 그 사건이 보도되었을 때 나는 그런 일을 어떻게 받아들여야 할지 도움을 얻기 위해 성경을 찾았다.

성경은 인간의 생명을 하나님께서 친히 주셨다고 가르쳐준다 (행 17:25, 욥 1:21). 생명은 우리의 공로로 인하여 보유하게 된 소유물이 아니다. 우리는 하나님과의 관계 속에서 자신의 생명을 '소유'하고 있지 않다. 누가복음 12장 20절에서 하나님께서는 영혼(생명)을 '도로 찾으신다'고 말씀하셨다. 그 본문에서 알 수 있듯이 우리의 생명은 하나님께 '빌려온 것'이다. 생명은 하나님의 것이고 그분이 우리에게 아무 조건 없이 부여하신 것이므로 우리는 생명을 주신 하나님께 영광을 돌리며 기뻐해야 한다. 생명은 언제나 그리고 전적으로 하나님의 처분에 달려 있으므로 결코 우리 임의대로 취급할 수 없다. 생명은 하나님께 속한 것이다.

성경은 하나님이 생명을 주신 분이며 또한 생명을 취하시는 유일한 분이라는 사실을 밝히 드러내고 있다(욥 1:21, 삼상 2:6, 신 32:39, 왕하 5:7). 생명이 하나님의 소유이므로, 그분은 당신이 원하는 때에 그것을 취하신다. 그분은 어느 누구와 협의하실 필요가 없다. 왜냐하면 생명을 창조하고 유지하며 소유하신 분으로서 권한을 갖고 있으므로 그것을 처분하는 데 아무런 제약을 받지 않으시기 때문이다. 그분은 사람에게 주셨던 생명을 정하신 때에 도로 찾는 일에 있어 잘못을 범치 않으신다.

어떤 의미에서 보면 마귀는 '사망의 세력을 잡은 자'(히 2:14)다. 비록 욥이 "주신 자도 여호와시요 취하신 자도 여호와시오니"(욥 1:21)라고 정확히 말하고 있지만, 욥기 1장 12절에서 하나님께서는 욥 일가의 생명을 사탄의 손에 맡기신 것 같은 인상을 준다. 하나님의 주권은 모든 영역을 지배하지만, 어떤 점에서 하나님께서는 세상의 비극 속에서 사탄이 행하는 죽음과 관련된 일을 사용하신다고 볼 수 있다. 우리는 하나님의 주권을 인정하는 동시에, 하나님께서 허락하신 범위 안에서 사탄이 고통과 죽음을 가져오는 불행에 관계되어 있음도 깨달아야 한다.

예수님께서는 실로암에서 한꺼번에 많은 사람이 목숨을 잃은 사건에 대한 질문을 받았을 때 이렇게 대답하셨다. "또 실로암에서 망대가 무너져 치어 죽은 열여덟 사람이 예루살렘에 거한 모든 사람보다 죄가 더 있는 줄 아느냐 너희에게 이르노니 아니라 너희도 만일 회개치 아니하면 다 이와같이 망하리라"(눅 13:4-5). 이 말은 갑작스럽게 여러 사람의 생명을 취하시는 하나님의 목적은 반드시 그들이 더 많은 죄가 있음을 보여주려는 것은 아니라는 것을 의미한다. 오히려 하나님은 생명에 대한 권한과 소유권을 지니신 분으로서, 만유의 주인으로서, 그리고 이 세상을 다스리는 권리를 보유하신 분으로서 자기 뜻에 합당하게 그들의 생명을 취하셨다. 그런 식으로 생명을 취하시는 목적 가운데 하나는 이 땅에 남아 있는 우리에게 생명은 하나님께 속해 있으며, 우리 역시 죄를 회개하고, 언제라도 죽음을 맞이할 준비를 해야 한다는 사실을 경고하시려는 것이다.

요한계시록은 마지막 날에 하나님께서 끔찍한 재앙을 이땅에 내리시며 그로 인하여 엄청난 사람들이 죽게 될 것을 계시하고 있다. 예를 들어, 요한계시록 9장 13-21절에서는 '네 천사'에 의해 세계 인구의 삼분의 일이 죽을 것(15절)이라고 말한다. 20절에는 "이 재앙에 죽지 않고 남은 사람들은 그 손으로 행하는 일을 회개치 아니하고"라는 말씀이 기록되어 있다. 다른 말로 하자면, 비극적인 사건으로 인한 인명 손실은 세상으로 하여금 진리이며 살아 계신 하나님의 존재를 깨닫고 회개하도록 이끌기 위해 발생된다는 것이다.

에스겔서 18장 32절은, 하나님께서 인간의 죽음을 기뻐하지 아니하신다고 했다. 예수님께서는 다가온 재앙의 때를 깨닫지 못하는 예루살렘을 보고 그 성을 향하여 우셨다(눅 19:41-44). 하나님의 마음은 심히 광대하며 우리가 이해하기 어려울 정도로 복잡하다.

하나님은 당신이 지으신 피조물들의 고통에 대해 슬퍼하면서, 동시에 더욱 고상하고 위대한 목적을 위해 바로 그 고통과 죽음이 발생하도록 허락하신다. 하나님께서 세워놓으신 목적이란 그분에게 더 많은 기쁨을 가져다주는 방법으로 세상을 이끌어가는 것이다.

그러므로 우리는 우는 자들과 함께 울고(롬 12:15) 이 세상에서 죽음을 당하는 자들의 모습을 보면서 무정하게 즐거워하지 말아야 한다. 그리고 힘을 다하여 그리스도의 사랑과 구원의 소망을 살아 있는 자들에게 널리 전해야 한다. 재난의 이유를 묻는 질문에 직면하게 된다면, 우리는 모든 만물을 다스리며 우리의 때도 곧 다가올 것을 가르쳐주려 하시는 하나님을 바라보아야 한다.

하나님의 영광을 위해 죄악을 회개하며 순전하게 살아가자. 하나님은 우리가 하나님을 알아가며 하나님께 영광을 돌리는 기쁨을 누리도록 하기 위해 우리를 창조하셨다. 아직 시간이 있을 때 힘을 다해 멸망으로 향해가는 자들을 어린양의 혼인 잔치로 인도하자.

그 말들이 바람 같은 것이라면

너희가 말을 책망하려느냐
소망이 끊어진 자의 말은 바람 같으니라(욥 6:26).

비탄과 고통과 절망에 빠지면 평안할 때는 전혀 하지 않았던 말도 서슴지 않고 내뱉는 이들이 종종 있다. 그럴 때 그들은 내일의 모습을 실제 모습보다 훨씬 어둡게 그린다. 음침한 단조의 노래를 부르며 마치 그것만이 세상에서 유일한 음악인 것처럼 말한다. 그들은 구름만 바라보면서 하늘이 없는 것 같다고 말한다.

그들은 이렇게 말한다. "하나님이 어디 계시냐?" "더 이상 계속할 필요는 없어." "모든 것이 무의미해." "나에게 희망은 없어." "하나님이 정말 선하시다면 이런 일은 절대 일어날 수 없어."

우리는 그런 말들을 어떻게 대해야 하는가?

욥은 우리가 그렇게 말하는 자들을 책망할 필요가 없다고 말한다. 그 말들은 말 그대로 바람과 같다. 그런 말은 순식간에 날아가버릴 것이다. 상황이 호전되면 절망에 빠졌던 사람은 어두운 좌절의 밤에서 깨어나 경솔하게 내뱉었던 말들을 후회하게 될 것이다.

그러므로 그러한 말들을 책망하는 데 시간과 힘을 소비하지 말라. 그 말들은 바람에 실려 흔적도 없이 날아가버린다. 가을에 나뭇잎을 잘라낼 필요가 없는 것과 같다. 그것은 헛된 노력이다. 나뭇잎들은 곧 사방으로 흩어질 것이기 때문이다.

우리는 바람과 같은 말들로부터 하나님 또는 그분의 진리를 변호하려고 너무 성급하게 반응한다. 미리 계획되고 치밀하게 연구되었기 때문에 반박해야 할 말들도 있다. 하지만 이단들이 고통의 순간에 불쑥 내던진 모든 말들에 응답할 이유는 없다. 올바른 안목을 가지고 있다면, 뿌리를 깊이 내리고 있는 말과 바람처럼 흩날리는 말의 차이점을 구별할 수 있을 것이다.

심각한 오류와 깊은 죄악에 뿌리 내리고 있는 말들도 있다. 그러나 회색 빛을 띠고 있는 말들이 모두 시커먼 마음에서 비롯된 것만은 아니다. 어떤 말들은 주로 고통과 절망으로 색칠되어 있다. 우리가 듣는 말들이 모두 가장 깊은 내면에서 나오는 것은 아니다.

그 내면 속에는 실질적인 무언가가 담겨 있고, 거기로부터 말들이 솟아나온다. 그 말들은 지나가는 전염병처럼 일시적으로 실질적인 고통을 드러내지만, 그 말을 하는 당사자의 진정한 본심을 보여주지는 않는다.

우리를 반대하거나 하나님을 대항하는 말 또는 진리를 거스리는 말들이 영혼 깊은 곳에서 흘러나온 말이 아니라 아픈 상처 때문에 내뱉은 그저 바람과 같은 말은 아닌지 구별하는 법을 배워야 한다.

그 말들이 바람 같은 것이라면 우리는 침묵하는 가운데 기다리며 함부로 책망하지 말아야 한다. 우리가 사랑을 베푸는 것은 상처를 덧나게 하는 것이 아니라 영혼을 회복시키는 데 그 목적이 있기 때문이다.

하나님 중심적인 자세

단 마음으로 섬기기를 주께 하듯 하고
사람들에게 하듯 하지 말라
이는 각 사람이 무슨 선을 행하든지 종이나 자유하는 자나
주에게 그대로 받을 줄을 앎이니라(엡 6:7-8).

철저히 하나님 중심으로 살라는 요구

에베소서 6장 7-8절에서 요구하는 모습은 일반적으로 우리가 살아가는 모습과 비교할 때 특이한 측면을 담고 있다. 바울은 무슨 일이든 감독하는 사람을 위해 하는 것처럼 하지 말고 그리스도를 위해 하듯 하라고 말한다. "마음으로 섬기기를 주께 하듯 하고 사람들에게 하듯 하지 말라." 이 말은 우리가 일상적으로 하는 일들 속에서 하나님을 생각해야 한다는 뜻이다.

우리는 이렇게 물을 수 있다. 왜 하나님께서는 이런 일을 행하셨을까? 어떻게 하나님께서 이런 일을 하셨을까? 언제 하나님께서 이렇게 행하셨을까? 하나님께서 이 일을 도와주실까? 이 일이 하나님의 영광에 어떤 영향을 끼칠 것인가? 직업을 가진 크리스천들은 자기 분야에서 철저히 하나님 중심으로 살아야 한다. 관리자가 시키는 일들을 하나님으로부터 부탁받은 일처럼 여기는 것이 마땅하다.

선한 사람이 되라는 요구

하나님 중심적인 삶을 살면 선한 사람이 되며 선한 일들을 도모하게 되어 있다. 바울은 "단 마음으로 섬기기를 … 각 사람이 무슨 선을 행하든지 … 그대로 받을 줄을 앎이니라"라고 말했다. 예수님께서도 "너희 빛을 사람 앞에 비취게 하여 저희로 너희 착한 행실을 보고 하늘에 계신 너희 아버지께 영광을 돌리게 하라"(마 5:16)고 말씀하셨다. 하나님 중심적인 생활을 하면 하나님의 영광을 위해 선한 일을 행하게 된다.

인정 없는 고용주를 위해서도 열심히 일할 수 있는 능력

바울의 목적은 크리스천들에게 하나님 중심적인 동기를 부여하여 이해심 없는 고용주를 위해서도 열심히 일할 수 있게 하는 것이었다. 사장이 당신을 무시하고 아무 이유 없이 트집을 잡으려 할 때, 우리가 맡은 일을 계속 충실하게 수행할 수 있는 방법은 무엇인가?

바울은 이렇게 대답한다. 당신의 사장을 가장 높은 감독자로 생각하지 말고 하나님을 위해 일하기 시작하라(벧전 2:18-19 참고). 이 땅의 감독자들이 부여하는 그 직무를 이런 마음으로 행하라. 감독자를 통해 주권자이신 하나님을 바라보고, 감독자의 몰인정에 대해 지나치게 걱정하지 말라. 하나님께서 주실 상급에 대해 생각하라.

선한 일은 결코 수포로 돌아가지 않는다는 격려

본문에서 가장 놀라운 말씀은 바로 이것이다. "이는 각 사람이 무슨 선을 행하든지 종이나 자유하는 자나 주에게 그대로 받을 줄을 앎이니라." 참으로 놀라운 말씀이다. 우리가 아무리 사소한 일을 하더라도 그것이 선한 것이면 하나님께서 인정해주고 고귀하게 여기신다는 말이다. 그리고 그 일을 행한 자는 하나님께 '그대로 받을' 것이다.

빚을 받아내듯이 하나님께 무언가를 얻어낸다는 의미가 아니다. 하나님은 우리를 비롯하여 우주의 만물을 소유하신 분이다. 하나님은 우리에게 아무 빚도 없으시다. 그러나 하나님은 믿음으로 행하는 선한 일에 대해 상을 주기로 작정하셨다. 우리가 행하는 선한 일은 하나라도 수포로 돌아가는 일이 없다. "무슨 선을 행하든지 주에게 그대로 받을 줄을 앎이니라." 참으로 놀라운 말씀이다!

이땅의 비천한 신분은 하늘에서 위대한 상급을 받는 데 전혀 방해가 되지 않는다는 격려

하나님께서는 종이나 자유하는 자 누구라도 선한 일을 하면 보상해주신다. 상관은 우리를 보잘것없이 여기거나 존재조차 모를 수 있다. 그것은 문제가 되지 않는다. 하나님께서는 우리의 존재를 알고 계시며, 유명한 신앙인들과 동일한 조건으로 상급을 주실 것이다. 하나님께 편견이란 있을 수 없다(벧전 1:17).

'종이나 자유하는 자나' 누구든지 선한 일을 행하면 하나님의 마음에 기록되어 상을 받게 된다.

빌리 그래함 본부에서 근무하는 직원이 이런 말을 들려주었다. 그래함 박사는 사무실 직원들을 위해 기도하며 그들 가운데 자신보다 하나님의 상급을 더 많이 받을 사람이 있을 것이라고 말했다. 직원들은 설마 그럴까 하는 마음으로 빙그레 웃었다. 그래함 박사는 진지한 표정으로 우스갯소리가 아니라고 말했다. 왜냐하면 하나님께서는 인간의 성과보다는 신실함을 더 높이 평가하시기 때문이라는 것이다. 유명세에 상관없이 자신의 신실함으로 판단받기 때문에 하나님의 기준에 의하면 모두가 동일한 지위에 있다.

나는 인간의 상급이 아닌 하나님의 상급만 바라보면서 살아가며 사역을 감당하게 되기를 아주 간절히 원하고 있다.

하나님께서 가정을 만드신 이유

하나님의 계시

왜 하나님께서는 가정을 만드셨을까? 이 질문에 대한 한 가지 분명한 해답은 이땅 위에서 생육하고 번성하는 일을 가정이 담당한다는 것이다. 하나님께서는 아담과 하와에게 애초부터 그렇게 말씀하셨다. "생육하고 번성하여 땅에 충만하라"(창 1:28).

하지만 그것은 충분한 대답이 될 수 없다. 하나님께서는 인간을 지렁이처럼 번식케 하실 수도 있었기 때문이다. 그분은 인간이 유년 시절을 건너뛰게 하시거나, 결혼 생활을 통해 자녀나 부모로서 지내는 시간을 갖지 못하게 하실 수도 있었을 것이다. 그렇다면 왜 하나님께서는 남자와 여자를 창조하여 그들로 하여금 결혼하게 한 다음 가족 관계 속에서 오랜 세월에 걸쳐 자녀들을 양육하게 하셨을까?

나는 부모 중 한 명만 있는 집도 가정으로 여긴다. 몸의 팔 다리 가운데 하나가 없더라도 그것은 여전히 몸인 것과 같은 이유에서 말이다. 하나님께서 그런 식으로 가정을 이루게 하신 여섯 가지 성경적인 이유는 다음과 같다.

첫째, 하나님께서는 남자와 여자를 창조하셨다. 그리하여 그들이 홀로 살아가지 않고 삶의 선물들을 함께 나누면서 하나님을 온전히 기뻐하게 하셨다. "사람의 독처하는 것이 좋지 못하니 내가 그를 위하여 돕는 배필을 지으리라"(창 2:18).

결혼은 다른 사람을 좋아하는 가운데 하나님에 대한 기쁨을 키우고 넓히는 가장 기본적인 수단이다. 하지만 홀로 사는 사람 역시 고귀한 우정과 그리스도의 지체로서 살아가는 삶을 통해 이러한 기쁨을 경험할 수 있다. 인간은 이러한 관계를 너무나 절실히 필요로 한다. 그래서 가족이 없는 어린아이들은 자폐증에 빠지기 쉽다.

둘째, 하나님께서는 그리스도와 교회의 관계를 널리 알리기 위한 수단으로 사용하기 위해 결혼 생활을 허락하셨다. "이러므로 남자가 부모를 떠나 그 아내와 연합하여 둘이 한 몸을 이룰지로다 … 이 비밀이 크도다 내가 그리스도와 교회에 대하여 말하노라"(창 2:24, 엡 5:32).

이것이 바로 하나님께서 이혼을 싫어하시는 가장 중요한 이유다(말 2:16). 결혼 서약을 깨뜨리는 것은, 그리스도가 자신의 신부인 교회와 맺은 깨지지 않는 언약에 바탕한 사랑(엡 5:25)의 그림을 훼손시키는 행위다.

셋째, 하나님께서는 강하고 부드러운 보살핌 속에서 자신의 부권을 드러내시기 위해 가정에서의 부모 역할을 만드셨다. "너희가 참음은 징계를 받기 위함이라 하나님이 아들과 같이 너희를 대우하시나니 어찌 아비가 징계하지 않는 아들이 있으리요"(히 12:7).

하나님께서는 자신을 주로 어머니보다는 아버지로 나타내셨다. 그 이유는 하나님께서 자신의 보호와 섭리와 힘과 권능을 강조하려는 의도를 가지고 있기 때문이라고 생각한다. 하나님께서는 한 가정의 부모 가운데 아버지들을 불러 이와 같은 특별한 책임을 맡기셨다. 어머니들은 여러 다른 방법으로 아버지들의 책임을 보완하고 균형을 맞춰준다. 특별히 어머니들은 여성 특유의 따뜻함과 부드러움으로 그와 같은 일들을 감당하며 그들만이 지닌 심오한 능력으로 자녀들을 양육한다. 가정은 자녀들에게 하나님을 가르치기 위해 존재한다.

넷째, 하나님께서는 가정을 부모와 그들의 보호를 받으며 자라나는 어린 자녀들로 이루어지게 하셨다. 그리하여 모든 이들이 어린아이와 같은 신앙이 어떤 것인지 깨달을 수 있게 하셨다. "가라사대 진실로 너희에게 이르노니 너희가 돌이켜 어린아이들과 같이 되지 아니하면 결단코 천국에 들어가지 못하리라 그러므로 누구든지 이 어린아이와 같이 자기를 낮추는 그이가 천국에서 큰 자니라"(마 18:3-4).

가정은 하나님의 사랑 넘치는 권능과 능력과 섭리, 그리고 부모에 대한 인도하심 속에서 하나님이 우리와 어떻게 관계를 맺고 있는지 잘 보여준다.

뿐만 아니라 어린아이가 부모에게 의지하는 것처럼 우리가 하나님께 전적으로 의존하면서 하나님과 어떤 관계를 맺어야 할 것인지 가르쳐준다.

다섯째, 하나님께서는 당신의 진리와 우리의 믿음을 다음 세대로 물려주는 일을 위해 가정을 만드셨다. "아비들아 너희 자녀를 노엽게 하지 말고 오직 주의 교양과 훈계로 양육하라"(엡 6:4). "우리 열조에게 명하사 저희 자손에게 알게 하라 하셨으니 이는 저희로 후대 곧 후생 자손에게 이를 알게 하고 그들은 일어나 그 자손에게 일러서 저희로 그 소망을 하나님께 두며"(시 78:5-7).

여섯째, 하나님께서는 교회의 구성원들이 형제, 자매, 모친, 부친과 같은 한 가족처럼 관계를 맺고 있음을 나타내기 위해 가정을 만드셨다. "늙은이를 꾸짖지 말고 권하되 아비에게 하듯 하며 젊은이를 형제에게 하듯 하고 늙은 여자를 어미에게 하듯 하며 젊은 여자를 일절 깨끗함으로 자매에게 하듯 하라"(딤전 5:1-2).

바울은 동료 크리스천들을 계속 '형제' '자매' 라고 부르고 있다. 앞으로 다가올 세상에서는 결혼도 없고 아이를 낳는 일도 없을 것이다. "부활 때에는 장가도 아니 가고 시집도 아니 가고 하늘에 있는 천사들과 같으니라"(마 22:30). 그때에는 우리가 알고 있던 기존의 가족 개념이 바뀔 것이다. 하지만 지금 이 세상에 있는 가정은 하나님을 세상에 드러내고, 영원토록 지속될 그리스도의 몸된 교회 속에서 믿는 자들 사이의 관계를 명료하게 밝히기 위해 만들어졌다.

가이사의 것은 가이사에게

이땅의 나그네와 하늘나라의 상속자

예수님께서 "가이사의 것은 가이사에게 바치라"고 말씀하셨을 때 로마의 가이사, 즉 황제는 티베리우스였다. 그는 훌륭한 통치자였지만 크리스천은 아니었다. 그는 기독교의 영향력에 대해 전혀 알지 못했다. 왜냐하면 그의 통치 기간에 기독교가 생겨났기 때문이다. 예수님께서는 이교도 황제에게 적절한 경의를 표하라고 유대인들에게 말씀하신다.

그 말씀은 다음과 같은 구절에서 뽑아낸 것이다. "그런즉 가이사의 것은 가이사에게, 하나님의 것은 하나님께 바치라 하시니"(마 22:21). 하나님의 것이란 무엇인가? 대답은 '모든 것이 하나님의 것'이다. 그러므로 이 구절의 요점은 이렇게 정리할 수 있다. 네가 인생의 모든 것, 즉 가이사의 권한과 권력과 소유를 포함한 모든 것이 하나님의 것이라는 사실을 깨달았다면, 가이사의 것은 가이사에게 바칠 수 있는 마음을 갖게 될 것이다.

모든 것이 하나님의 것임을 알았다면, 당신은 하나님을 위하여 가이사에게 바쳐야 할 것을 바칠 수 있게 될 것이다. 가이사가 어떠한 권한을 가지고 있다고 여긴다면, 하나님께서 가지신 더욱 위대한 권한을 나타내기 위해 가이사에게 속한 것으로 여겨지는 것을 그에게 바치라는 말이다. 무엇보다도 먼저 하나님께 순종하기 위해 가이사에게 적절한 순종을 표하라는 것이다. 가이사가 당신에 대한 무언가를 요구하듯이 당신은 그보다 훨씬 고귀한 하나님의 요구에 순종하는지 그 여부를 시험받는다.

가이사에게 바치는 것은 하나님께 바치는 것에 비해 제한되어 있다. 가이사의 것은 만물이 우선적으로 하나님의 것이라는 사실로 결정되며, 오로지 하나님의 허락과 계획이 있을 때에만 그것은 가이사의 것이 된다. 제한적으로 가이사에게 바쳐야 마땅한 것이 무엇인지는 오직 하나님께서 결정하신다. 하나님께서 가이사에게 그런 권리를 허락하신 데는 다 이유가 있다.

베드로 사도는 이렇게 말했다. "인간에 세운 모든 제도를 주를 위하여 순복하되 혹은 위에 있는 왕이나 혹은 악행하는 자를 징벌하고 선행하는 자를 포장하기 위하여 그의 보낸 방백에게 하라"(벧전 2:13-14).

'주를 위하여'라는 말은 베드로식 표현으로 다음과 같은 의미로 이해될 수 있다. "모든 것이 하나님의 것이다. 이런 원칙 속에서 가이사에게 속한 것과 당신이 그것을 그에게 바치는 방법이 한정된다." 즉 하나님을 위하여 바칠 수 없는 것이라면 그 어떤 것도 가이사에게 바쳐서는 안 된다는 말이다.

베드로와 예수님께서는 크리스천들에게 이땅에서 나그네인

동시에 하늘나라를 상속할 자라는 마음가짐을 가지라고 요구하고 있다. "자유하나 그 자유로 악을 가리우는 데 쓰지 말고 오직 하나님의 종과 같이 하라"(벧전 2:16). 우리는 하나님의 종이다. 다른 어떤 정부의 종도 아니다. 우리는 모든 권력과 인간의 법령으로부터 자유해야 한다. 왜냐하면 우리는 온 우주의 소유주에게 속해 있으며, 그분의 자녀로서 상속 지분을 보유하고 있기 때문이다('그리스도와 함께한 후사', 롬 8:17). 우리는 이땅에서 나그네이지만 온 세상을 소유하신 분의 상속자들이다.

하나님께서는 우리를 지으셨고 친히 우리를 값주고 사셨다(고전 6:20). 우리는 사람이나 인간 정부의 종이 아니다(고전 7:22-23). 우리의 시민권은 하늘에 있다(빌 3:20). 우리는 이땅에서 나그네와 행인이다(벧전 2:11). 우리는 이땅에서 '편한 마음'을 지닐 수 없고 하늘로부터 임하실 우리 주님을 기다리고 있다.

이처럼 세상과 가이사에게 얽매여 있지 않으면, 하나님께서는 잠시 우리를 인간 사회의 '이질적인' 구조와 체제 속으로 되돌려 보내 우리로 하여금 세상의 것이 아니라 하나님만이 궁극적이며 절대적인 분임을 증거하게 하신다. 우리는 이 세상 속에서 하늘나라의 시민이라는 생각을 가지고 살아가야 한다. 이처럼 두 왕국에 속하여 살아가는 동안 끊임없이 긴장감이 생겨나겠지만, 하나님께서는 우리를 세상에서 끄집어내지 않고 오히려 그속으로 들여보내신다.

빌라도처럼 가이사에게 지나치게 많은 것을 바치지 않도록 조심하라(요 19:12). 가이사에게 바칠 때에는 오직 '주를 위하여' 바쳐라. 하나님을 위한 일이 아니라면 바치지 말라. 나그네로 살아가는 이 세상에서 하나님의 빛과 소금 역할을 잘 감당할 수 있도록 은혜와 지혜를 허락해주시길 간절히 소망하라.

이 세상에서 나그네로 섬기기

이 세상에서 크리스천으로 살아간다는 것

친구 집에 놀러갔다가 나오는 길에 빈 콜라 캔을 그 집 뜰에 집어 던졌다고 상상해보자. 당신은 내 행동을 보고 이렇게 물을 것이다. "설마 그 캔을 거기에 버리고 가려는 것은 아니죠?" "뭐가 잘못됐나요? 여긴 우리 집 뜰도 아닌걸요." 당신이라면 그런 말을 인정할 수 있겠는가?

그런 식으로 자신을 이땅에서 살아가는 망명자로 여긴다면, 반드시 피해야 하는 태도들이 몇 가지 있다. 사도 베드로는 크리스천들을 가리켜 '나그네와 행인 같은 너희'(벧전 2:11)라고 불렀고, 바울은 "오직 우리의 시민권은 하늘에 있는지라"(빌 3:20)고 말했다. 우리는 때때로 이 세상에 대하여 "뭐 어때? 여긴 내 고향이 아닌데?"라고 경솔하게 말하는 경우가 있다.

"이 세상은 내 아버지의 것이네"라는 가사의 찬송가가 있다. 전적으로 옳은 말이다. "땅과 거기 충만한 것과 세계와 그 중에 거하는 자가 다 여호와의 것이로다"(출 9:29, 시 24:1, 고전 10:26). 또한 사람이 이땅 위에 충만하고 정복하고 다스리기 위해 창조되었다는 것도 사실이다(창 1:28). 더 나아가 하나님께서는 아브라함과 그의 자손들에게 "세상의 후사가 되리라"(롬 4:13)는 언약을 주셨다. 예수님께서는 "온유한 자는 복이 있나니 저희가 땅을 기업으로 받을 것임이요"(마 5:5)라고 말씀하셨다.

그럼에도 불구하고 바울은 사탄을 '이 세상 신'(고후 4:4)이라 말했고, 요한도 '온 세상은 악한 자 안에 처한 것'(요일 5:19)이라고 했다. 마귀는 광야에서 그리스도에게 자기에게 절하라며 그러면 '천하 만국'을 마음대로 줄 수 있는 권한이 자기에게 있다고 주장했다(마 4:8). 비록 바울은 "권세는 하나님께로 나지 않음이 없나니 모든 권세는 다 하나님의 정하신 바라"(롬 13:1)고 말하긴 했지만, "우리의 씨름은 … 정사와 권세와 이 어두움의 세상 주관자들과 하늘에 있는 악의 영들에게 대함이라"(엡 6:12)고 말하기도 했다.

분명히 이 세상은 하나님의 지혜롭고 거룩한 목적을 이루기 위해 사탄의 세력에 포위되어 있다. 예수님께서는 외부로부터 스며든 세력들 속으로 침투해 그 세력들을 정복하기 위해 보냄을 받으셨으므로 이제 하나님의 허락 아래 이 세상에 대한 권리를 주장하신다. 그래서 예수님께서는 "이제 이 세상의 심판이 이르렀으니 이 세상 임금이 쫓겨나리라"(요 12:31)고 말씀하셨다. 사탄은 이 세상의 지배자다. 그러나 그것은 창조주의 권리로서 누리는 위치가 아니며 상속 받거나 능력으로 쟁취한 자리가 아니다. 사탄의 지배는 종속적이고 임시적이다.

그러므로 우리는 하나님의 자녀로서 새 하늘과 새 땅이 임할 때 새 세계를 상속받게 될 테지만(계 21:1), 엄밀한 의미에서 이 세상을 우리의 집이라고 볼 수 없다. 지금의 몸을 떠나게 될 때 우리는 '주와 함께 거하게'(고후 5:8) 될 것이다. 우리의 진정한 본향은 하나님이 계신 천국이므로 우리는 '이 세대를 본받지 말아야'(롬 12:2) 한다. 우리의 생명은 "그리스도와 함께 하나님 안에 감춰었다"(골 3:3). 하나님께서는 "우리를 흑암의 권세에서 건져내사 그의 사랑의 아들의 나라로 옮기셨다"(골 1:13). 우리는 "사망에서 옮겨 생명으로 들어갔다"(요일 3:14). 우리는 이땅에서 나그네 혹은 행인이다.

그렇다면 이 타국에서 어떻게 행동해야 하는가? 이 세상이 전부인 것처럼 완전히 이곳에 빠져서 살아야 하는가? 이땅에서 일어나는 일에 관심을 가져야 하는가?

그에 대한 한 가지 대답은 다른 사람의 집 뜰에 쓰레기를 버리지 말아야 하는 기독교적 예의 범절에서 간단히 얻을 수 있다. "무엇이든지 남에게 대접을 받고자 하는 대로 너희도 남을 대접하라"(마 7:12)는 말씀을 이 문제를 해결하는 데 적용할 수 있다. 우리가 자국 내에서 살 때에는 일도 열심히 하고 거기 속한 구성원으로서 무언가 기여하고자 할 것이다.

그렇다면 타국에서 나그네로 살아가려면 어떻게 해야 하는가? 예레미야서 29장 4-7절에 다음과 같은 말씀이 기록되어 있다. "만군의 여호와 이스라엘의 하나님 내가 예루살렘에서 바벨론으로 사로잡혀가게 한 모든 포로에게 이같이 이르노라 너희는 집을 짓고 거기 거하며 전원을 만들고 그 열매를 먹으라 아내를 취하여 자녀를 생산하며 너희 아들로 아내를 취하며 너희 딸로 남편을 맞아 그들로 자녀를 생산케 하여 너희로 거기서 번성하고 쇠잔하지 않게 하라 너희는 내가 사로잡혀가게 한 그 성읍의 평안하기를 힘쓰고 위하여 여호와께 기도하라 이는 그 성이 평안함으로 너희도 평안할 것임이니라."

하나님의 백성들이 바벨론에서 정말 그렇게 포로 생활을 했다면, 그리스도인들 역시 '바벨론'과 같은 이 세상에서 그렇게 살아가는 것이 바람직할 것이다. 그렇다면 우리는 어떻게 살아야 하는가?

우리는 일상적인 일들을 해야 한다. 집을 짓고, 거기 거하며, 전원을 만들고, 그 열매를 먹으면 된다. 이러한 일들을 한다고 해서 우리가 더러워지지 않는다. 단, 여기에는 사람을 기쁘게 하는 자들처럼 눈가림으로 하지 않고 진정한 왕이신 하나님을 위해 모든 일들을 해야 한다는 조건이 붙는다.

당신이 지금 살고 있는 도시에 행복을 가져다주기 위해 노력하라. 그곳이 로스앤젤레스이든 런던이든 방콕이든 마닐라든 그 어디든 상관없다. 하나님께서 당신을 그곳에 보내신 것이다. 왜냐하면 당신이 지금 그곳에 있기 때문이다.

우리가 사는 이 도시를 위해 기도하자. 이 도시에 놀랍고 선한 일이 일어나기를 간구하자. 분명히 하나님께서는 우리가 살고 있는 이 '도시'의 복지에 무관심하지 않으실 것이다. 하나님께서 그와 같은 일들에 관심을 가지시는 이유는, 이 도시에 복지가 이루어지면 하나님의 사람들도 그 안에서 행복을 누리게 되기 때문이다.

그렇다고 우리가 이땅에서 나그네로 살아가는 삶의 방향을 포기해야 한다는 말은 아니다. 항상 우리를 속이려 드는 이땅의 유혹에 얽매이지 않음으로써 오히려 이 세상에 더 많은 도움을 줄 수 있다. 우리는 '장차 올 도성'(히 13:14)에서 의미를 찾기 때문에 지금 이땅의 도시를 위해 최선을 다해 봉사할 수 있다.

이땅의 도시를 위해 할 수 있는 가장 훌륭한 일은, 이 도시의 시민들이 '위에 있는 예루살렘'(갈 4:26)의 시민이 되도록 그들을 부르는 것이다. 하늘과 땅의 주인인 하나님께서 우리에게 살아가는 데 필요한 은혜와 지혜를 주시기를 바란다. 그리하면 이땅에 속한 원주민들도 우리의 왕이신 하나님을 만나보고 싶어할 것이다. 조금씩 더 힘을 내어 우리 각자가 속해 있는 도시를 섬기자.

| 제3부 |

하나님, 그 신실하신 약속

A Godward Life

말씀 파급의 효과

성경 읽기와 글쓰기

성경 읽기와 글쓰기의 중요성에 대해 자주 생각해본다. 여러 가지 이유에서 나는 글을 쓰는데, 그중에서 지극히 개인적이며 피할 수 없는 이유는 내가 성경을 읽기 때문이다. 이 말은 성경을 읽을 때 성령님께서 나에게 중요한 영적 양식을 공급해주신다는 의미다. 그러므로 나에게 성경 읽기는 식사보다 더 중요하다. 눈이 멀게 된다면, 나는 누군가에게 돈을 지불하고서라도 성경을 읽어달라고 할 것이다. 점자를 배우려고 애쓰거나 성경이 녹음된 테이프를 구입할 수도 있다. 음식 없이는 살 수 있어도 성경 없이는 살 수 없기 때문이다. 내 삶의 대부분은 성경 읽기를 통해 유지되는 까닭에 글쓰기 역시 내게 아주 생동감 있게 느껴진다.

이러한 생각을 염두에 두고 에베소서 3장 3-4절에 나온 바울의 말을 살펴보라. "곧 계시로 내게 비밀을 알게 하신 것은 내가 이미 대강 기록함과 같으니 이것을 읽으면 그리스도의 비밀을 내가 깨달은 것을 너희가 알 수 있으리라"(엡 3:3-4).

초대 교회는 사도들의 가르침뿐만 아니라 사도들의 저술을 바탕으로 세워졌다. 하나님께서는 당신의 살아있는 말씀, 곧 그리스도를 이땅에 보내어 30년 동안 있게 하시고, 기록된 그분의 말씀을 2천 년 동안 이 세상에 보내기로 결정하셨다. 이와 같은 신성한 결정이 어떤 가정을 내포하고 있는지 생각해보라. 각 세대의 사람들은 성경을 읽는 자들에게 의존하게 될 것이다. 모든 사람들은 아닐지라도 일부 사람들은 성경 읽는 것을 배워야 했고, 하나님 앞에서 신실하게 살기 위해 꾸준히 열심을 다해 성경을 읽었다.

그렇게 몇 천 년이 흘러왔다. 사람들은 대대로 성경 속에 담긴 저자들의 통찰력을 읽었다. 바로 이런 이유 때문에 과거의 진리를 시대에 알맞는 신선한 진술로 바꾸어주어야 한다. 그런 작업이 선행되지 않으면 사람들은 성경을 잘못 이해하게 될 것이다. 다니엘 웹스터는 이런 말을 했다.

> 신앙 서적들이 이 나라의 대중들 사이에 널리 유포되지 않는다면, 과연 이 나라의 모습이 어떻게 변할 것인지 도무지 장담할 수 없다. 진리가 광범위하게 퍼져나가지 않으면 죄악이 만연해질 것이다. 하나님과 그분의 말씀이 알려지지 않고 받아들여지지 않는다면, 사탄과 그의 사악한 일들이 이 나라를 지배하게 될 것이다. 복음적인 입장에서 저술된 서적들이 마을마다 보급되지 않으면 부도덕하고 음란한 문학과 서적들이 창궐하게 될 것이다.

대부분의 사람들은 책을 읽는다. 새롭게 출판되는 기독교 서적을 읽지 않는다면 최근에 발간된 일반 서적이라도 읽을 것이다. 분명히 그럴 것이다.

공항에 있는 사람들을 관찰해보면 정말 놀라운 사실을 하나 발견하게 된다. 어느 특정한 순간에 공항이라는 한정된 장소만 살펴보더라도 수많은 사람들이 독서를 하고 있다. 크리스천들이 성경을 읽는 것 외에 전념해야 할 일들 가운데 하나는, 깊은 사색이 필요한 책들을 읽으려는 마음은 있지만 절대로 돈내고 구입하지 않는 사람들에게 양서들을 보급하는 것이다.

그런 일이 가져올 파급 효과는 이루 다 헤아릴 수 없을 것이다. 다음의 사례들을 보라.

리차드 백스터는 뛰어난 청교도 저술가 리차드 시브스가 쓴 책을 읽고 큰 감명을 받았다. 후에 박스터는 「회개했는가」(A Call to the Unconverted, 규장 간)를 썼고, 그 책은 필립 도드리지에게 깊은 영향을 끼쳤다. 그로 인하여 도드리지는 「믿음의 향상과 진보」(The Rise and Progress of Religion in the Soul)를 저술했다. 촉망받는 정치 초년생이며 노예 제도를 반대했던 젊은 윌리엄 윌버포스는 이 책을 읽고 도전받아 '영원'에 대해 깊이 생각하게 되었다.

윌버포스는 리 리치몬드의 영혼에 불을 지른 「기독교 실용서」(Practical Book of Christianity)를 썼다. 리치몬드는 「우유 장수의 딸」(The Dairyman's Daughter)을 저술했다. 그 책은 수많은 이들을 주님께로 이끌었는데, 그 중 토마스 찰머스는 위대한 설교가가 되었다.

대부분 사람들이 글을 읽을 수 있고 어디에서나 책을 쉽게 구할 수 있는 계몽된 문화권 속에서 사는 우리가 행할 일은, 먼저 성경을 지속적으로 읽고 또한 성경이 열어주는 분야에 대한 서적을 더 많이 읽으며, 성경에 흠뻑 빠진 훌륭한 저술가들이 배출될 수 있도록 끊임없이 기도하는 것이다. 반드시 읽어야 하는 위대한 고전들이 많이 있지만, 새로운 세대에는 각 시대에 걸맞는 신선한 메시지를 전해줄 작가들이 필요하다.

읽고 기도하라. 그리고 순종하라.

성경적 관점으로 돌아가라

사색과 하나님

독서와 글쓰기와 계산은 사고 작용과 깊은 관련이 있다. 독서는 종이에 인쇄된 글씨 위로 눈동자를 재빨리 움직이는 것을 말하지 않는다. 독서란 사실과 개념을 정확히 파악하고, 글 속에 담긴 진리와 아름다움을 올바로 평가하며, 좀더 나은 삶을 영위하기 위해 그러한 요소들을 적절히 활용하는 것이다.

가장 단순한 차원의 계산은 마음속에 사색을 위한 도구들(덧셈, 뺄셈, 곱셈, 나눗셈을 위한 여러 가지 표)을 설비하는 것과 같다. 좀더 고차원적인 단계에서, 수학은 사물들의 체계를 세우고 지혜롭게 살아가기 위해 논리를 사용한다. 창문을 50㎡당 하나씩 만든다면 매장에 몇 개의 창문을 더 달 수 있을까? 38온스짜리 박스 하나를 1달러에 사는 것과 12온스짜리 박스 두 개를 1달러 40센트에 사는 것 중 어느 쪽이 더 이득일까?

글쓰기는 자신이 배운 내용을 보존하고 생각하는 바를 다른 이들에게 전달하는 수단이다.

하나님께서도 사고하는 것을 교육의 수단으로 삼으셨다. 그분은 우리에게 생각하는 마음을 주셨다. 그분은 우리가 사고하는 대상인 세상을 창조하시고 자연이라는 책을 기록하셨다. 그분은 논리의 법칙들을 제정하셨다. 그분은 진실과 거짓, 선과 악, 아름다움과 추함을 나누는 기준이다. 하나님을 무시하는 것은 너무도 무식한 속마음을 드러내는 행동이다. 아래에 제시한 성경의 진리들을 자세히 살피고 묵상하라.

● 우리는 마음을 다해 하나님을 사랑하라는 명령을 받았다.
예수께서 가라사대 네 마음을 다하고 목숨을 다하고 뜻을 다하여 주 너의 하나님을 사랑하라 하셨으니(마 22:37).

● 하나님을 최상의 가치로 여기지 않으면, 모든 생각들은 허망해지고 어두워지며 더러워진다.
하나님을 알되 하나님으로 영화롭게도 아니하며 감사치도 아니하고 오히려 그 생각이 허망하여지며 미련한 마음이 어두워졌나니 … 또한 저희가 마음에 하나님 두기를 싫어하매 하나님께서 저희를 그 상실한 마음대로 내어버려두사 합당치 못한 일을 하게 하셨으니(롬 1:21, 28).

● 우리는 지혜에 장성한 사람이 되라는 명령을 받았다.
형제들아 지혜에는 아이가 되지 말고 악에는 어린아이가 되라 지혜에 장성한 사람이 되라(고전 14:20).

● 진리를 사랑하지 않으면 파멸에 이른다.

이는 저희가 진리의 사랑을 받지 아니하여 구원함을 얻지 못함이니라(살후 2:10).

● 지혜로운 사람은 지식 안에서 자라가기를 원한다.

명철한 자의 마음은 지식을 요구하고 미련한 자의 입은 미련한 것을 즐기느니라(잠 15:14).

명철한 자의 마음은 지식을 얻고 지혜로운 자의 귀는 지식을 구하느니라(잠 18:15).

너는 귀를 기울여 지혜 있는 자의 말씀을 들으며 내 지식에 마음을 둘지어다(잠 22:17, 잠 2:1-6, 23:12을 보라).

● 생각이 하나님을 대치할 수 없으며, 하나님께서 생각을 대신하시지 않는다.

내 말하는 것을 생각하라 주께서 범사에 네게 총명을 주시리라(딤후 2:7).

모든 것은, 절대적으로 모든 것은 하나님과 관련되어 있다. 만물은 그분에게서 나오고 그분으로 말미암고 그분에게 돌아간다(롬 11:36).

그러므로 성경적인 관점으로 돌아간다는 말은 인간의 생각이 그분의 계획으로부터 나오고, 생명과 호흡과 동기 부여라는 선물로 말미암아 유지되며, 그분의 영광을 위해 작용하고 있음을 분명히 깨닫는 것을 뜻한다. 이러한 사실은 우리 자녀들이 최우선적으로 배워야 하는 가장 중요한 교훈이다.

지성을 엄격히 훈련하는 이유

성경 읽기의 중요성에 대하여

최근에 히브리서를 묵상하면서 교육 — 지성을 엄격히 훈련하는 것 — 이 필요한 가장 기본적인 이유는 성경을 제대로 이해하며 읽을 수 있도록 하기 위함임을 깨달았다.

너무나 당연한 말이라 그리 감동적으로 들리지 않을 줄 안다. 하지만 이 말이 지극히 당연하고 뻔하게 들리는 것은 성경 읽기가 얼마나 소중한지 그 가치를 제대로 인식하지 못하기 때문이다. 복잡한 성경 구절을 읽고 이해하는 데 필요한 깊이 있는 사고의 진가를 우리는 제대로 인정하지 않았다.

예를 들어, 히브리서는 구약 성경의 본문에 바탕을 둔 지적이고 도전적인 논증이다. 히브리서 기자는 가볍게 훑어봐서는 알 수 없고 엄밀하게 살피며 읽어야만 의미가 파악되는 성경 구절들을 바탕으로 논점을 이끌어나간다. 히브리서 본문에 인용된 구약 성경 구절들을 이해하려면 엄밀한 사고와 지적인 노력이 필요하다. 로마서나 갈라디아서 그리고 성경의 다른 책들에 제시되어 있는 광범위한 논증들 역시 마찬가지다.

이와 같은 긴급한 이유 때문에, 우리 자녀들은 문장, 특히 성경의 문장들 속에서 저자의 의도를 읽어내는 법을 연습하고 그 방법을 터득하기 위해 엄격한 훈련을 받아야 한다. 기본 철자는 물론이고 어휘, 문법, 구문론, 기초 논리학 등도 반드시 배워야 한다. 의미 전달 방법은 문장과 단락의 지속적인 연결을 통해 자연스럽게 학습된다. 크리스천들이 교회를 개척하는 지역에 학교를 함께 세우는 이유는, 그들이 성경과 분리될 수 없는 책의 사람들이기 때문이다.

기도와 성령의 역사 없이 성경 그 자체가 아무런 영향도 끼치지 못한다는 말은 사실이다. 신앙의 교본인 성경은 논의의 대상이 아니다. 물론 그것은 영적인 갈급함을 해소시켜주는 샘물이며 영혼을 위한 양식이다. 하나님의 계시이며 살아 있는 능력이고 좌우에 날 선 검이다. 하지만 올바른 성경 읽기 교육이 이루어지지 않는다면 성경은 쓸모 없고 아무 능력도 발휘할 수 없는 종이 묶음에 불과할 것이다. 다른 사람이 성경을 읽어줄 수도 있겠지만, 자신이 직접 정확한 안목을 가지고 읽지 않는다면 성경 말씀의 의미와 힘은 그 속에 갇혀버리고 만다.

예수님께서 여러 가지 곤란한 문제들을 해결하기 위해 구약 말씀을 자주 인용하셨다는 사실은 얼마나 놀라운 일인가? 예를 들어, 예수님은 안식일에 대한 논쟁이 있었을 때 "다윗이 자기와 그 함께한 자들이 시장할 때에 한 일을 읽지 못하였느냐"(마 12:3)라고 반문하셨다. 이혼과 재혼에 대해서는 "사람을 지으신 이가 본래 저희를 남자와 여자로 만드시고 … 하신 것을 읽지 못하였느냐"⁽마 19:4-5⁾라고 말씀하셨다.

또한 그분은 진정한 예배와 찬미의 문제에 대해 "어린 아기와 젖먹이들의 입에서 나오는 찬미를 온전케 하셨나이다 함을 너희가 읽어본 일이 없느냐"⁽마 21:16⁾라고 말씀하셨다. 부활에 대한 논쟁이 일어나자 예수님께서는 "너희가 성경에 건축자들의 버린 돌이 모퉁이의 머릿돌이 되었나니 이것은 주로 말미암아 된 것이요 우리 눈에 기이하도다 함을 읽어본 일이 없느냐"⁽마 21:42⁾라는 말로 응수하셨다. 영생에 대해 질문하는 율법사에게는 "율법에 무엇이라 기록되었으며 네가 어떻게 읽느냐"⁽눅 10:26⁾라고 다시 물으셨다.

사도 바울도 성경 읽기를 교회 생활의 중요한 부분으로 여겼다. 예를 들어, 그는 고린도 교회의 교인들에게 "오직 너희가 읽고 아는 것 외에 우리가 다른 것을 쓰지 아니하노니"⁽고후 1:13⁾라고 말했다. 에베소 교인들에게는 "이것을 읽으면 그리스도의 비밀을 내가 깨달은 것을 너희가 알 수 있으리라"⁽엡 3:4⁾고 말했다.

또한 그는 골로새 교회 사람들에게 "이 편지를 너희에게서 읽은 후에 라오디게아인의 교회에서도 읽게 하고 또 라오디게아로서 오는 편지를 너희도 읽으라"⁽골 4:16⁾고 권면했다. 바울의 서신을 읽는 일은 너무나 중요했기 때문에 그는 데살로니가 교회 교인들에게 편지를 읽으라고 엄히 명령했다. "내가 주를 힘입어 너희를 명하노니 모든 형제에게 이 편지를 읽어 들리라"⁽살전 5:27⁾.

성경을 제대로 읽는 능력은 직관적으로 터득할 수 있는 것이 아니다. 반드시 배워야 하는 것이다. 저자의 의도를 올바로 이해하며 성경을 읽는 방법을 배우는 일은 평생 계속된다. 크리스천들이 성경 속에서 발견할 수 있는 함축된 의미는 이루 헤아릴 수 없이 많다. 깊이 있는 성경 읽기를 위해 엄격한 훈련 속에서 지성을 훈련하는 것이야말로 모든 교육 과정의 중요한 목표다.

크리스천들은 마땅히 구체적으로 생각하고 어려운 성경 구절들의 의미를 파악하기 위한 훈련을 엄격하게 해야 마땅하다. 그러나 이렇게 엄격하게 훈련하지 않고 단순하고 실용적인 교육을 실행하는 것이 겸손하고 민주적이며 적절한 태도라고 생각하기 때문에 오늘날 그리스도의 교회가 점점 약해지고 있는 것이다. 다음 세대가 하나님 말씀의 참된 의미에 올바르게 접근하도록 가르치는 것은 영생을 추구하는 것 못지 않게 중요한 과업이다.

하나님 말씀의 의미를 깨닫고 그 풍성함을 평생 누리며 살아가도록 이끄는 것을 최고의 목표로 삼는 교육이 절실히 필요하다. 로마서의 깊은 의미를 파악하지 못하느니 음식이 없어 굶주리는 편이 훨씬 낫다.

주여, 다음 세대를 잃어버리지 않게 하소서!

마음에 서원한 것

대가를 치러야 하는 실수를 저질렀을 때

여호와여 주의 장막에 유할 자 누구오며
주의 성산에 거할 자 누구오니이까…
그 마음에 서원한 것은
해로울지라도 변치 아니하며(시 15:1, 4).

서약이나 계약을 했다가 엄청난 재정적 손해를 입게 되었을 때, 우리는 스스로 했던 말을 뒤집고 싶은 강한 유혹을 느낀다. 시편 15편은 '주의 성산에 거할' 자는 어떤 사람인지 묘사하고 있다. 그런 사람의 특징은 '그 마음에 서원한 것은 해로울지라도 변치 아니하는' 것이다.

다시 말해, 일단 약속했으면 그 약속을 지키다가 해를 당할지라도 절대 약속을 파기하지 않는 사람을 일컫는다. 그의 말은 돈보다 더 가치가 있다. 그의 성실함은 그의 건강보다 더 귀중하다. 그는 해로울지라도 자기가 한 약속을 지킨다. 그와 같이 행할 수 있는 인격적인 강인함은 어디에서 얻을 수 있는가?

이 질문에 답을 주는 구약의 이야기가 있다. 역대하 25장 5-9절 내용이다.

아마샤는 유다의 왕이었다. 그는 에돔 사람들로부터 위협을 받고 있었다. 그는 자기 나라에서 20세 이상 되는 남자들의 수를 계수하여 30만 명에 이르는 군대를 조직했다. 또한 북왕국 이스라엘에 가서 큰 용사 10만 명을 용병으로 고용했다. 그는 그들을 고용하는 대가로 은 100달란트를 지불했다. 하지만 이런 행동이 하나님의 비위를 거스르는 것이었기에 어떤 하나님의 사람이 아마샤에게 와서 이렇게 말했다. "왕이여 이스라엘 군대로 왕과 함께 가게 마옵소서 여호와께서는 이스라엘 … 과 함께하지 아니하시나니 … 하나님이 왕을 대적 앞에 엎드러지게 하시리이다"(대하 25:7-8).

아마샤가 처음 품었던 생각은 본문을 통해 충분히 짐작할 수 있다. "아마샤가 하나님의 사람에게 이르되 내가 일백 달란트를 이스라엘 군대에게 주었으니 어찌할꼬"(대하 25:9). 그의 말은 일리가 있었다. 우리도 돈과 관련된 계약을 무분별하게 맺은 후, 그것이 잘못되었다는 것을 알면 얼마든지 그렇게 말할 것이다. 아마샤는 손해를 무릅쓰고 이스라엘 용사들에게 자기 나라로 돌아가라고 말하고 나서 금전적인 약속을 이행해야 했는가? 그는 어떻게 해야 했는가?

하나님의 사람은 명료하게 대답했다. "여호와께서 능히 이보다 많은 것으로 왕에게 주실 수 있나이다"(대하 25:9). 조금 바꿔서 말해보자. "하나님을 신뢰하고 당신이 한 말을 지키십시오! 그들과 약속한 것을 이행하십시오. 하나님께서 당신을 돌보실 것입니다. 그리하면 결코 상상할 수 없는 방법으로 당신의 성실함에 대한 보상을 받게 될 것입니다."

이와 같은 상황에서 문제가 되는 것은 하나님에 대한 우리의 신뢰다. 하나님께서 우리를 위해 행동하실 것을 믿는가? 시편 37편 5절 말씀을 마음에 새기며 그 위에 굳건히 서고자 하는가? "너의 길을 여호와께 맡기라 저를 의지하면 저가 이루시리라." 중요한 것은 우리가 하나님께서 약속하신 장래의 은혜가 결국에는 임하리라는 것을 믿으며 살아가고 있는가 하는 문제다. 하나님께서 우리를 위해 당신이 정하신 때에 당신의 방법대로 약속을 성취하실 것을 믿는가?

인간의 약속은 깨지기 쉽다. 모든 사람이 하나님을 신뢰하는 것은 아니기 때문이다. 사실 하나님에 대한 생각은 조금도 하지 않은 사람들이 많다. 그들에게 가장 중요한 변수는 하나님이 아니라 돈이다. 영리하고 약삭빠른 태도도 그들이 중요시 하는 변수에 포함된다. 인간 사회의 개연성 역시 변수로 작용한다. 그런 가운데 하나님은 망각된다. 손해보게 될지도 모르는 돈만큼 하나님을 실제적으로 느끼지 못한다.

그런 모습은 크리스천에게 바람직하지 않다. 그러므로 하나님의 실재성과 도우시겠다는 그분의 약속에 대한 확신을 가지고 당신에게 요청한다. 하나님을 가장 먼저 생각하라. 강하고 적절하며 현존하고 장래의 희망을 제시해주는 하나님의 실재성을 진정으로 받아들여라. 약속한 것을 지켜라. 설령 해를 당하게 된다 하더라도 서원한 것을 바꾸지 말라. 하나님께서 그 자리에 당신과 함께하실 것이다.

약속을 어김으로써 얻는 미미한 이득과는 비교할 수 없을 만큼 고귀하고 소중한 것이 하나님의 미소다. 책망할 것이 없는 고결함을 갖춘 사람이 되라. 하나님을 위하여 살아가라. "그는 … 행실이 온전한 자에게 방패가 되시나니"(잠 2:7).

기도가 없으면 능력도 없다

악한 영들에 대한 공격과 방어

집에 있는 서재를 다시 정리했다. 하지만 기도하는 자리와 기도 의자만은 그대로 두었다. 오히려 그 공간을 좀더 은밀하게 만들었다.

지금까지 읽고 경험한 모든 내용들을 통해 나는, 죄인들에게 유익이 되며 하나님께 영광이 되는 깊은 영적 능력은 기도와 묵상에 전념한 사람들로부터 나왔다는 사실을 깨달았다. 종종 나의 열망이 행동을 앞지른다는 것을 인정한다. 하지만 싸워보지도 않고 포기하고 싶지는 않다. 그러므로 기도할 장소를 마련하는 것은 영적 전쟁에 대비하는 노력 가운데 하나다.

나는 방금 전까지 찰스 시므온(1782-1836)에 대한 책을 읽었다. 그는 영국 케임브리지에서 44년 동안 목회를 하면서 온갖 고초를 견뎌낸 인물이다. 그의 친구 하우스만은 몇 달 동안 그와 함께 보내며 알게 된 그의 헌신에 대해 이야기한다.

그와 같은 일관성, 진정한 헌신, 열렬한 경건, 열정과 사랑을 본 적이 없다. 그는 겨울에도 새벽 4시에 변함없이 일어났다. 먼저 벽난로에 불을 피우고, 하루의 첫 네 시간 동안 개인 기도와 성경 연구에 몰두했다 … 바로 여기에 그가 지닌 위대한 은사와 영적 능력의 비밀이 숨어 있다. 그처럼 깊은 근원에서 교훈을 이끌어내고 부지런히 진리를 구한 덕분에 그는 앞으로 다가오는 모든 시련 속에서도 평안함을 누렸고 마땅히 해야 할 일들을 제대로 준비할 수 있었다.

기도가 없으면 능력도 없다. 이것은 개인이나 교회 모두에게 적용되는 진리다. 마가복음 9장에 나오는 이야기를 생각해보라.

제자들은 귀신 들린 아이에게서 그 귀신을 쫓아내지 못하고 있었다. 예수님께서는 그 자리에 오셔서 귀신을 쫓아내셨다. 제자들이 조용히 예수님께 물었다. "우리는 어찌하여 능히 그 귀신을 쫓아내지 못하였나이까"(막 9:28).

예수님께서 대답하셨다. "기도 외에 다른 것으로는 이런 유가 나갈 수 없느니라"(막 9:29). 예수님께서는 우리가 이기기 어려운 영적 세력들이 있다고 말씀하셨다. 제자들은 왜 자신들이 귀신을 이기지 못했는지 물었다. 예수님께서는 "기도가 부족하다"고 대답하셨다.

그 말은 무슨 의미인가? 제자들이 귀신 들린 아이를 놓고 기도하지 않았다는 의미는 아닌 것 같다. 귀신을 쫓아내려면 기도하는 것이 가장 우선적이고 기본적인 접근법이기 때문이다. 그분은 제자들이 기도의 삶을 살지 않았다는 의미로 그런 말씀을 하신 것 같다. 제자들은 기도하지 않는 생활과 사고방식에 사로잡혀 있었다. 예수님께서 기도하지 않고 귀신을 쫓아내신 사실에 주목하라. "벙어리 되고 귀먹은 귀신아 내가 네게 명하노니 그 아이에게서 나오고 다시 들어가지 말라"(막 9:25).

하지만 예수님은 평소에 기도하셨다. 아예 기도 가운데서 사셨다. 온밤을 지새며 기도하셨다. 그분은 언제라도 악의 세력에 대적할 준비가 되어 있었다. 그러나 제자들은 나약해지고 기도를 소홀히 했음이 분명하다. 그리하여 그들은 강력한 악의 세력들 앞에 섰을 때 무력한 모습을 보였다. "기도 외에 다른 것으로는 이런 유가 나갈 수 없느니라."

지속적인 기도가 없으면 악한 세력과 싸울 때 공격할 수 없다. 우리는 개인적으로 그리고 교회 차원에서 사탄의 요새로 쳐들어가 승리하라는 부르심을 받았다. 하지만 기도가 없으면 능력도 없다.

방어를 할 때에도 똑같은 원리가 적용된다. 베드로와 야고보와 요한이 악의 세력을 막아내기 위해 기도하려다가 자신을 지키지 못하고 졸고 있을 때 주님이 그들에게 하신 말씀을 기억하라. "시험에 들지 않게 깨어 있어 기도하라 마음에는 원이로되 육신이 약하도다"(막 14:38).

조금만 방심해도 곧 유혹의 덫에 빠지고 만다. 적극적이고 지속적이며 진지하고 확신 있는 기도의 능력을 힘입어야 악의 세력에 맞서 방어와 공격을 효과적으로 수행할 수 있다.

찰스 시므온의 모범과 우리 주님의 말씀 그리고 제자들의 약한 모습을 좋은 자극제로 삼아라. 그리하여 일정 기간에만 간헐적으로 기도할 것이 아니라 평생 기도하는 생활을 하라. 하우스만이 말한 것처럼 '일관성과 진정한 헌신'을 겸비한 기도 생활을 하라.

진리를 따라 사는 삶

진리를 사랑함으로 하나님을 사랑하라

진리에 대한 관심은 하나님에 대한 관심을 반영하는 필연적인 표현이다. 하나님이 살아 계신다면 그분은 만물의 기준이며, 그분이 만물에 대해 생각하시는 것이 곧 우리의 판단 기준이 된다. 진리에 관심을 갖지 않는 것은 하나님께 관심을 갖지 않는 것이다. 하나님을 열정적으로 사랑하는 마음은 진리를 뜨겁게 사랑하는 태도로 나타난다.

하나님 중심적인 삶이란 진리에 이끌려 살아가는 것을 말한다. 진리가 아닌 것은 하나님께 속하지 않았다. 거짓된 것은 하나님과 반대된다. 진리에 대한 무관심은 하나님의 마음에 대한 무관심이다. 가식은 실체에 대항하는 반항이며, 실체를 존재케 하는 분은 하나님이다. 진리에 대한 관심은 하나님에 대한 관심의 메아리일 따름이다.

성경적으로 볼 때, 진리에 이끌리는 삶을 살아야 하는 긴박성을 적어도 세 가지 면에서 찾아볼 수 있다.

첫째, 하나님은 곧 진리이기 때문이다. 삼위일체가 진리다. 성부 하나님은 진리며, 그분의 모든 말씀과 약속의 이면에 자리잡고 있는 이같은 완전한 신실함을 무효화시킬 수 있는 세력은 그 어디에도 없다. "어떤 자들이 믿지 아니하였으면 어찌하리요 그 믿지 아니함이 하나님의 미쁘심을 폐하겠느뇨 그럴 수 없느니라 사람은 다 거짓되되 오직 하나님은 참되시다 할지어다"(롬 3:3-4).

성부 하나님의 완전한 형상이신 성자 하나님도 진리다. 예수님께서는 이렇게 말씀하셨다. "내가 곧 길이요 진리요 생명이니 나로 말미암지 않고는 아버지께로 올 자가 없느니라"(요 14:6). 요한계시록 19장 11절에서 요한은 예수님께서 신실함과 진실함으로 영광스럽게 되신 것을 목격했다. "또 내가 하늘이 열린 것을 보니 보라 백마와 탄 자가 있으니 그 이름은 충신과 진실이라 그가 공의로 심판하며 싸우더라"(계 19:11).

성령 하나님께서는 성부와 성자 하나님으로부터 나오시고, 우리를 위해 지금도 사역하시는 진리의 영이다. 예수님께서는 성령에 대해 이렇게 말씀하셨다. "내가 아버지께로서 너희에게 보낼 보혜사 곧 아버지께로서 나오시는 진리의 성령이 오실 때에 그가 나를 증거하실 것이요 … 그러하나 진리의 성령이 오시면 그가 너희를 모든 진리 가운데로 인도하시리니 그가 자의로 말하지 않고 오직 듣는 것을 말하시며 장래 일을 너희에게 알리시리라"(요 15:26, 16:13).

성부, 성자, 성령 하나님을 사랑하는 것은 진리를 사랑하는 것이다. 삼위일체 하나님을 추구하는 것은 곧 진리에 대한 추구다. 세상 속에서 삼위일체 하나님을 증거하고 변호하려는 열정에는 진리를 향한 열정이 포함된다.

하나님과 진리 사이에는 간격이 없다. 하나님은 그 자체로 진리다. "하나님은 사랑이다"라는 사실보다 "하나님은 계신다"라는 진리가 선행한다. "하나님은 계신다"라는 진리는 완전한 내용과 의미를 담고 있다. 하나님은 유일한 분이므로 다른 무엇이 아니다. 하나님은 인격을 지니신 분이다. 하나님의 본성 속에서 그분을 명백하게 보여주는 윤곽이 드러난다. 우리의 상상 속에서 창조된 분이 아닌 참된 하나님에 대한 관심은 진리에 이끌리는 삶을 지탱해주는 밑바탕이 된다.

둘째, 진리를 사랑하지 않으면 영원토록 멸망하리라는 무서운 경고에서 진리에 이끌리는 삶을 살아야 하는 성경적 긴박성을 찾아볼 수 있다.

사도 바울은 불법을 행하는 자들이 마지막 날에 당할 일에 대해 말했다. "악한 자의 임함은 사단의 역사를 따라 모든 능력과 표적과 거짓 기적과 불의의 모든 속임으로 멸망하는 자들에게 임하리니 이는 저희가 진리의 사랑을 받지 아니하여 구원함을 얻지 못함이니라"(살후 2:9-10). 진리에 대한 사랑은 멸망하느냐 아니면 구원받느냐를 결정짓는 절체절명의 문제다. 진리에 대한 무관심은 영적으로 죽었음을 보여주는 흔적이다.

바울은 계속해서 불의를 좋아하는 자들과 진리를 사랑하는 자들을 대비한다. "진리를 믿지 않고 불의를 좋아하는 모든 자로 심판을 받게 하려 하심이니라"(살후 2:12).

이 구절은 진리에 대한 믿음 속에 진리에 대한 사랑도 들어 있음을 보여준다. 그러한 사실은 진리를 믿지 않는 자들이 진리가 아닌 다른 것, 곧 불의를 좋아한다는 사실에서 얼마든지 유추할 수 있다. 또한 이 구절은 진리가 도덕적인 영역에 속하는 것이지 인식의 차원이 아님을 보여준다. 진리와 반대되는 개념은 '거짓'이 아닌 '불의'라고 명백하게 밝히고 있기 때문이다. 하지만 이 구절은 무엇보다 진리를 사랑하는 것, 즉 전심을 다하여 진리를 믿는 것이 영원한 생명과 죽음을 결정짓는 문제임을 말하고 있다는 점에서 그 압도적인 영향력을 발휘한다.

셋째, 진리에 이끌리는 삶이 그토록 절박한 이유는 신약 성경이 크리스천의 삶을 진리에 대한 지식의 열매로 묘사하고 있기 때문이다.

예를 들어보자. 바울은 어떤 행동과 관련된 책망이나 자극의 수단으로 '알지 못하느냐'라는 식의 질문을 사용했다. 그런 질문을 통해 그는 참된 지식이 행동의 변화를 가져온다는 사실을 가르쳐준다. "너희 몸이 그리스도의 지체인 줄을 알지 못하느냐 내가 그리스도의 지체를 가지고 창기의 지체를 만들겠느냐 결코 그럴 수 없느니라"(고전 6:15).

이 말은 구속받은 그리스도의 지체에 대한 진리를 아는 것이 순결한 삶의 강력한 원동력이라는 뜻이다.

"창기와 합하는 자는 저와 한 몸인 줄을 알지 못하느냐 일렀으되 둘이 한 육체가 된다 하셨나니 … 너희 몸은 너희가 하나님께로부터 받은 바 너희 가운데 계신 성령의 전인 줄을 알지 못하느냐 너희는 너희의 것이 아니라"(고전 6:16, 19). 진리에 대한 무지는 불경건함과 부도덕의 주요 원인이다. 진리는 거룩한 크리스천의 삶을 가능케 하는 원천이다. 진리를 알지니 진리가 너희를 (죄악으로부터) 자유케 하리라.

진리를 사랑하는 것은 하나님으로 인하여 온전한 기쁨을 누리는 세계관을 지니고 있다는 증거다. 그것은 첫번째이자 가장 중요한 명령에 대한 순종이다.

과거의 역사에서 배우라

과거를 기억하는 것은 왜 가치 있는 일인가?

워싱턴 문서보관소 건물 밖에는 웅장한 그리스 인물상이 있다. 앉아 있는 그 인물상의 무릎 위에는 커다란 책이 놓여 있다. 육중한 받침대 정면에는 "과거를 연구하라"는 글귀가 새겨져 있다. 그것은 훌륭한 조언이며 동시에 성경적인 조언이다.

이 글을 읽고 있는 지금 이 순간에도 세계 곳곳에는 위기가 임박해 있다. 아마 우리의 삶도 예외는 아닐 것이다. 인생의 배 밑에 바닥짐을 깔아 풍랑이 오더라도 흔들리지 않고 안정을 유지할 수 있는 한 가지 방법은, 과거에 어떤 일이 일어났는지 깨닫는 것이다.

예를 들어, 1893년에 필라델피아 리딩 철도회사가 파산 신고를 했을 때 500개의 은행이 연쇄적으로 파산한 사건이 있었다. 그 사건을 통해 지금 우리가 맞은 위기들에 대한 실마리를 찾을 수 있지 않을까? 그 이듬해에 142개의 은행이 추가적으로 파산했고, 중공업과 관련된 공장의 25%가 가동을 멈췄다. 1월 한 달 중 17일 동안에 연방정부의 국고에서 1,100만 달러의 비용이 지출되었고, 힝클리 근처 숲에서 일어난 산불로 16만 에이커가 파괴되고 400여 명이 목숨을 잃었다.

과거는 무수한 실패와 함께 사람들이 거기에 어떻게 대처했는지 보여주는 역사의 기록이다. 과거는 피해야 할 어리석음과 받아들여야 할 지혜의 저장소다. 배워야 할 교훈과 조심해야 할 경고가 그 속에 담겨 있으며, 존경할 만한 영웅들과 거부해야 할 악당들의 모습도 그려져 있다. 과거는 하나님의 주권적인 손길과 인간의 죄악된 행동으로 가득 차 있다. 과거는 현재를 과장하지 못하도록 우리를 억제시킨다. 과거는 변화의 물결 속에서도 성숙하고 흔들리지 않도록 우리를 붙잡아준다.

성경은 과거에 대해 깊이 생각함으로써 거기에서 귀중한 의미를 얻으라고 명령한다. 성경은 과거에 대한 연구가 다음에 제시한 여러 가지 유익을 가져다준다고 말한다.

- 우리가 낙담했을 때 다시금 확신을 준다.
곧 여호와의 옛적 기사를 기억하여 그 행하신 일을 진술하리이다(시 77:11).
내가 옛날을 기억하고 주의 모든 행하신 것을 묵상하며 주의 손의 행사를 생각하고(시 143:5).

- 하나님의 하나님 되심을 상기시켜준다.
너희는 옛적 일을 기억하라 나는 하나님이라 나 외에 다른 이가 없느니라 나는 하나님이라 나 같은 이가 없느니라(사 46:9).

● 고난의 때를 위해 우리를 강하게 한다.
전날에 너희가 빛을 받은 후에 고난의 큰 싸움에 참은 것을 생각하라(히 10:32).

● 훌륭한 과거의 기초 위에 설 수 있게 한다.
네게서 날 자들이 오래 황폐된 곳들을 다시 세울 것이며 너는 역대의 파괴된 기초를 쌓으리니 너를 일컬어 무너진 데를 수보하는 자라 할 것이며 길을 수축하여 거할 곳이 되게 하는 자라 하리라(사 58:12).

● 오랫동안 잃어버렸던 귀중한 진리를 회복시켜준다.
여호와께서 이같이 말씀하시되 너희는 길에 서서 보며 옛적 길 곧 선한 길이 어디인지 알아보고 그리로 행하라 너희 심령이 평강을 얻으리라 하나 그들의 대답이 우리는 그리로 행치 않겠노라 하였으며(렘 6:16).

● 하나님의 강한 손 아래서 겸손하게 거하도록 도와준다.
너는 기억하라 네가 애굽 땅에서 종이 되었더니 너의 하나님 여호와가 강한 손과 편 팔로 너를 거기서 인도하여내었나니 그러므로 너의 하나님 여호와가 너를 명하여 안식일을 지키라 하느니라(신 5:15).

네 하나님 여호와께서 이 사십 년 동안에 너로 광야의 길을 걷게 하신 것을 기억하라 이는 너를 낮추시며 너를 시험하사 네 마음이 어떠한지 그 명령을 지키는지 아니 지키는지 알려 하심이라(신 8:2).

● 하나님께서 행하신 위대한 일에 대한 교훈을 가르쳐준다.
너희가 아직도 깨닫지 못하느냐 떡 다섯 개로 오천 명을 먹이고 주운 것이 몇 바구니며(마 16:9).

● 어리석은 자들의 행동을 반복하지 않도록 경고한다.
롯의 처를 생각하라(눅 17:32).

● 회개를 촉구한다.
그러므로 네가 어떻게 받았으며 어떻게 들었는지 생각하고 지키어 회개하라 만일 일깨지 아니하면 내가 도적같이 이르리니 어느 시에 네게 임할는지 네가 알지 못하리라(계 3:3).

● 진실로 독특하며 놀라운 일이 무엇인지 보여준다.
네가 있기 전 하나님이 사람을 세상에 창조하신 날부터 지금까지 지나간 날을 상고하여 보라 하늘 이 끝에서 저 끝까지 이런 큰 일이 있었느냐 이런 일을 들은 적이 있었느냐(신 4:32).

● 전혀 새롭고 놀라운 영광스러운 미래를 보여준다.

너희는 이전 일을 기억하지 말며 옛적 일을 생각하지 말라 보라 내가 새 일을 행하리니 이제 나타낼 것이라 너희가 그것을 알지 못하겠느냐 정녕히 내가 광야에 길과 사막에 강을 내리니(사 43:18-19).

최근에 미국의 신앙 역사에 대한 기록을 읽어보았다. 그것은 마치 솟아나는 샘물처럼 현재의 시간에 매달려 안달하는 마음을 깨끗이 쓸어갔다. 역설적으로 들리겠지만, 그 내용은 성도들과 믿지 않는 자들의 믿음과 어리석음을 보여줌으로써 하나님의 영광을 더욱 분명히 드러냈다.

인생의 배 밑에 과거에 대한 기억이라는 바닥짐을 싣자. 그리하면 과거에 일어난 것과 유사한 변화의 풍랑이 밀려오더라도 흔들림 없이 똑바로 설 수 있다.

반드시 이루어질 일을 위해 기도하라

기도의 바탕이 되는 약속들

성경을 믿지 않는 사람이 빈정대며 말했다. "그렇게 확실하다면, 왜 기도합니까?" 성경적인 입장에 서 있는 성도가 말했다. "기쁨으로 기도하는 겁니다. 하나님은 약속하신 것을 반드시 이루시는 분이니까요."

예를 들어보자. 하나님나라가 다가오고 있다는 것은 절대적으로 확실한 사실이다. 사도 요한은 하나님나라가 실질적으로 완성된 것 같은 환상을 보았다. "세상 나라가 우리 주와 그 그리스도의 나라가 되어 그가 세세토록 왕 노릇 하시리로다"(계 11:15). 그러나 우리는 하나님나라가 이 '땅에서도 이루어'(마 6:10)지도록 기도하라는 명령을 받았다.

다른 사례들을 살펴보자. 예수님께서는 절대적으로 확실한 약속을 주셨다. "이 천국 복음이 모든 민족에게 증거되기 위하여 온 세상에 전파되리니 그제야 끝이 오리라"(마 24:14). 다른 말로 하면, 대위임 명령이 완성되리라는 것이다. 거기에는 의심의 여지가 없다. 하지만 예수님께서는 우리에게 모든 민족을 제자로 삼고(마

28:19), "추수하는 주인에게 청하여 추수할 일꾼들을 보내어주소서"(마 9:38)라고 기도할 것을 명하셨다.

하나님께서는 당신이 확실하게 이루어주실 것이라고 약속한 선교 사역을 완성하는 수단으로 기도를 택하셨다는 말이다. 그러므로 우리는 기도해야 한다. 결과가 불확실하기 때문이 아니라, 하나님께서 약속하셨고 그 약속은 반드시 이루어질 것이기 때문이다. 하나님께서는 분명히 대위임령을 성취하고 당신의 나라를 세우실 것이다. 하나님께서는 우리의 기도를 방편으로 정하여 그 일을 이루고자 하신다.

하나님나라가 임하기를 기도하는 자들은 그 나라를 받게 될 것이다. 그러나 하나님나라와 주의 나타나심을 바라지 않는 자들은 그러한 기도로 스스로를 괴롭히지 않으려 할 것이다.

디모데후서 4장 8절 말씀은 그와 같은 사실을 미리 보여준다. "이제 후로는 나를 위하여 의의 면류관이 예비되었으므로 주 곧 의로우신 재판장이 그날에 내게 주실 것이니 내게만 아니라 주의 나타나심을 사모하는 모든 자에게니라"(딤후 4:8). 주의 나타나심을 사모하지 않는다('주의 나라가 임하기를' 간절히 기도하지 않는다)는 말은 어떤 이들은 의의 면류관을 받지 못하리라는 것을 뜻한다.

헬라어를 사용하던 초대 교회에서 예수님께서 직접 하신 말씀 가운데 보존하고 있던 아람어들 중에 "마라나타"라는 말이 있다. 이 말은 "오 주님, 오시옵소서!"라는 의미다. 그분이 다시 오시리라는 데에는 의심의 여지가 없다. 그분은 분명히 약속하셨다('내가 다시 와서" — 요 14:3). 그리스도가 다시 오실 때는 하늘에 계신 아버지께서 정하신다. "그러나 그날과 그때는 아무도 모르나니 하늘에 있는 천사들도, 아들도 모르고 아버지만 아시느니라"(막 13:32). 그럼에도 불구하고 초대 교회는 "마라나타"라고 기도했다. 바로 이것이 예수님을 사랑하는 자들이 기도하는 방식이다.

"만일 누구든지 주를 사랑하지 아니하거든 저주를 받을지어다 주께서 임하시느니라(마라나타)"(고전 16:22).

사도 바울이 가르쳐준 대로 반드시 이루어질 일을 위하여 기도하자. 회의론자나 운명론자처럼 무심코 지나치거나 방관하지 말자. 사도 바울의 말처럼 "주의 말씀이 너희 가운데서와 같이 달음질하여 영광스럽게"(살후 3:1) 되기를 위하여 전심으로 기도하자. 하나님께서는 분명히 약속하셨다. "내 입에서 나가는 말도 헛되이 내게로 돌아오지 아니하고 나의 뜻을 이루며 나의 명하여 보낸 일에 형통하리라"(사 55:11). 그러므로 이 능력의 말씀이 힘을 발휘하고 승리하게 되기를 기도하자.

"뭐하려고 기도해. 하나님의 약속이 이렇게 확실한데." 이렇게 말하는 자들은 마지막 날에 하나님께 버림받게 된다. 그런 태도를 지닌 병사들은 승리의 전리품을 분배받지 못할 것이다. 그들은 전투에 참가하지 않았기 때문이다. 주님 안에서 기도하며 반드시 이기게 될 전투에 그분과 함께 참전하여 승리를 거두자.

높은 산은 시기의 대상이 아니다

찰스 스펄전을 생각하며

높은 산은 시기의 대상이 아니다. 또한 이땅에 사는 누군가가 그 산들을 소유하는 것도 바람직하지 못하다. 다윗이 말한 것처럼 그것들은 '하나님의 산들'(시 36:6)이다.

미네소타 언덕에게 높은 산 흉내를 내보라고 한다면, 그것은 그 언덕을 바보로 만드는 것밖에 되지 않는다. 네브라스카의 평원도 마찬가지다. 세계가 모두 산으로 되어 있다면 어디에서 곡물을 생산한단 말인가?

나는 지금 찰스 스펄전에 대해 말하고 있다. 그렇다고 해서 그를 본받을 필요가 없다고 말하는 것은 절대로 아니다. 스펄전은 침례교 목사로서 1854년부터 1891년까지 런던에서 목회했다. 그는 31년 동안 한 곳에서 목회하다가 1892년 1월 31일, 57세의 나이로 세상을 떠났다.

그의 설교집은 63권에 이르며 그 분량은 「브리태니커 백과사전」 27권과 맞먹는다. 그의 설교집은 기독교 역사를 통틀어 단일 저자의 것으로는 가장 방대한 전집류다. 그는 일주일에 여섯 권의 책을 읽었고 그 책들 속에 무슨 내용이 담겨 있고 그 내용들이 어디에 있는지 모두 기억할 수 있었다. 그는 「천로역정」을 100번도 넘게 읽었다.

그가 목회하는 기간 동안 그의 교회에는 14,460명의 교인이 새로 등록했고 등록한 교인들 거의 모두를 그가 직접 상담했다. 그는 5천 명에 이르는 교인들을 바라보며 그들의 이름을 모두 댈 수 있었다. 그는 신학교를 설립했고 약 900명의 학생들을 훈련시켰다.

스펄전은 설교할 때 자기 마음속에 여덟 개도 넘는 생각들이 동시에 스치고 지나가며, 언제라도 그 생각들을 하나하나 거론할 수 있다고 말한 적이 있다. 그는 종종 설교하는 도중에 설교를 듣고 있는 교인들을 위해 기도하기도 했다. 그는 전날밤에 미리 작성해놓은 작은 설교 노트를 보면서 1분에 140개 이상의 단어를 사용하며 설교했다. 그 결과는 어떠했을까? 주일마다 그의 설교집은 20개국의 언어로 2만 5천부 이상 팔려나갔고, 글로 기록된 그의 설교집을 보고 회심하는 사람들이 매주 생겨났다.

스펄전은 결혼하여 두 아들을 낳았고 그들은 모두 목사가 되었다. 그의 아내는 평생토록 병에 시달렸기 때문에 그의 설교를 거의 듣지 못했다. 그는 고아원을 설립하고, 잡지를 발간하며, 140권 이상의 책을 출판했다. 또한 일주일에 500통 이상의 편지에 답장을 보냈으며, 그의 교회뿐 아니라 다른 교회에서 일주일에 열 번 이상 설교했다.

그는 통풍, 류머티즘, 신장염으로 고통 받았고, 마지막 20년간의 목회 기간에는 너무 아파서 3주에 한 번은 메트로폴리탄 교회의 주일 예배에 참석하지 못했다.

그는 정치적으로는 자유당을 지지했고, 전통적인 칼빈주의에 입각한 침례 교인으로서 솔직했다. 지옥이 있음을 믿었으며, 죄악 속에서 죽어가는 자들을 위해 눈물을 흘렸고, 영혼을 구하려는 열정으로 1만 명의 사람들을 신앙으로 이끌었다.

그는 기독교 희락주의자였으며 내가 가장 좋아하는 다음 구절에 가장 근접한 인물이었다. "하나님께서는 우리가 그 안에서 가장 만족함을 누릴 때 최고의 영광을 받으신다." 스펄전은 이렇게 말했다. "한치의 의심도 없는 분명한 사실이 하나 있다. 그것은 바로 우리가 하나님으로부터 많은 은혜를 받아누리는 그 자체가 하나님을 가장 영화롭게 한다는 사실이다."

우리는 그런 인물을 어떻게 받아들여야 할까? 그는 신이 아니며 우리가 도달해야 할 최종 목표도 아니다. 그는 경배나 시기의 대상이 될 수 없다. 어떤 사람들은 그를 대수롭지 않게 여기는 반면에 어떤 사람들은 그를 너무나 크게 생각할지 모른다. 우리가 그런 인물들을 숭배한다면, 그것은 우상 숭배다. 그들을 시기한다면, 그것은 바보 같은 일이다. 높은 산은 시기의 대상이 아니다. 그 산들은 창조주에 대한 경이로움을 자아내도록 만들어졌을 뿐이다. 그것들은 하나님의 산들이다.

그보다 더 나아가 우리는 시기를 버리고 그들의 높은 마음과 정신에 올라야 한다. 그들이 그토록 분명하게 바라본 것과 심오하게 느낀 것을 깨달을 수 있는 단계까지 나아가야 한다. 그들처럼 되려는 열망을 갖기보다는 그들로부터 많은 유익을 얻고자 해야 한다. 이런 태도를 터득하면 편안한 마음으로 그들이 물려준 것들을 누리게 된다.

그러한 마음가짐을 배우지 않는 한 우리는 그들을 볼 때마다 스스로 비참한 생각이 들 것이다. 그들의 모습에 대비되어 우리의 부족함이 더욱 눈에 띄기 때문이다. 물론 우리는 부족한 존재들이고 그 사실을 상기하는 것이 유익하다.

그러나 우리는 스펄전과 우리 사이의 간격은 하나님과 인간 사이의 간격과 비교해볼 때 아무것도 아니라는 사실 또한 기억해야 한다. 우리 모두는 전적으로 하나님 아버지의 은혜에 의존하고 있다.

스펄전도 죄를 지었다. 그 사실은 우리가 나약해지는 순간에 위로가 된다. 그러나 그의 위대함은 우리에게도 주어지는 하나님의 자유로운 선물이었다는 것이 더 큰 위로가 된다.

하나님의 은혜를 힘입어 하나님의 영광을 위해 할 수 있는 모든 일을 하는 자들이 되자(고전 15:10).

자신의 나약함을 탓하고 위대한 인물들을 시기하며 위축되거나 작아지는 자들이 되기보다는 그들이 받은 은사들을 겸손한 마음으로 칭찬하며 감사함으로써 더욱 큰 사람이 되자.

높은 산을 시기하지 말고, 그 산을 지으신 창조주께 영광을 돌리자. 산에 높이 올라갈수록 공기가 차갑고 신선하고 상쾌하게 느껴지며 말로 이루 다 표현할 수 없는 장엄한 광경을 보게 될 것이다. 그러므로 그 산을 시기하지 말라. 그저 즐겨라!

기도와 예정

기도하는 자와 기도하지 않는 자의 대화

기도하지 않는 자 : 당신은 하나님의 섭리를 믿는 것으로 알고 있는데 맞습니까?

기도하는 자 : 그럼요.

기도하지 않는 자 : 그 말은 하이델베르그 교리 문답과 같은 것들이 우연히 생긴 것이 아니라 하나님의 의도와 계획에 따라서 생겨난 것으로 믿는다는 뜻인가요?

기도하는 자 : 그렇죠. 성경이 그런 사실을 가르쳐주고 있음을 믿습니다. 욥은 "주께서는 무소 불능하시오며 무슨 경영이든지 못 이루실 것이 없는 줄 아오니"(욥 42:2)라고 기도했습니다.

기도하지 않는 자 : 그렇다면 당신은 왜 기도합니까?

기도하는 자 : 질문하는 의도를 모르겠군요. 왜 기도하지 말아야 하나요? 우리는 당연히 기도해야 합니다.

기도하지 않는 자 : 그래요, 하나님께서 만물의 일들을 정하고 다스리신다면 그분이 옛날부터 의도했던 계획들이 앞으로 일어나겠군요, 그렇죠?

기도하는 자 : 물론이죠.

기도하지 않는 자 : 그 일들은 당신이 기도하거나 기도하지 않거나 이루어질 것입니다. 제 말이 맞죠?

기도하는 자 : 그 일들의 성취는 하나님께서 우리 기도에 응답하기로 작정하셨는지의 여부에 달려 있습니다. 하나님께서 기도에 대한 응답으로 어떤 일이 일어나도록 예정하셨다면, 그 일은 기도 없이는 일어나지 않을 것입니다.

기도하지 않는 자 : 잠깐, 이건 좀 복잡하군요. 당신은 모든 기도 응답이 예정되어 있다고 말하는 겁니까?

기도하는 자 : 바로 그겁니다. 기도에 대한 응답에 따라 이루어지기로 예정되어 있는 것입니다.

기도하지 않는 자 : 기도하지 않는다면 그에 대한 응답도 없다?

기도하는 자 : 당연하죠.

기도하지 않는 자 : 그러면 어떤 사건들은 기도에 따라 일어날 수도 있다는 겁니까?

기도하는 자 : 네, 당신이 "기도에 따라 사건들이 일어난다"고 한 말은 기도가 어떤 사건이 일어나게 되는 실질적 이유이며 기도 없이는 그 사건이 발생하지 않을 것이라는 의미로 들리는군요.

기도하지 않는 자 : 맞아요. 그런 뜻으로 말했습니다. 하지만 어떻게 어떤 사건이 내 기도에 따라 일어나는데 동시에 하나님에 의해 영원히 정해져 있고 예정되어 있을 수 있나요?

기도하는 자 : 그것은 당신의 기도가 예정된 응답처럼 정해져 있었기 때문이지요.

기도하지 않는 자 : 좀더 자세히 설명해보세요.

기도하는 자 : 그리 복잡하지 않습니다. 하나님께서는 모든 사건들을 미리 정하셨습니다. 그분은 원인이 없는 사건을 예정하시지

않았습니다. 원인 역시 하나의 사건이지요. 그러므로 원인 또한 미리 예정되어 있는 것입니다. 그러므로 하나님께서 다르게 예정하셨기 때문에 원인이 없다면 어떤 사건이 일어날 것이라고 말할 수 없습니다. 사건은 먼저 원인이 있어야 일어납니다.

기도하지 않는 자 : 당신의 말은 기도에 대한 응답이 언제나 기도의 결과로 예정되어 있다는 말이군요. 기도는 원인 가운데 하나이며, 하나님께서는 기도 응답인 사건이 그것의 원인인 기도의 결과로 일어나도록 예정하셨다는 것인가요?

기도하는 자 : 정확합니다. 원인과 결과가 모두 함께 예정되어 있으므로, 원인이 없더라도 결과는 일어날 것이라고 말할 수 없습니다. 하나님은 원인 없이 결과만 예정하지는 않으시니까요.

기도하지 않는 자 : 몇 가지 예를 들어볼 수 있습니까?

기도하는 자 : 물론이죠. 하나님께서 내가 총상을 입고 죽도록 예정하셨다면 나는 총에 맞기 전까지 죽음을 당치 않을 겁니다. 하나님께서 내가 수술을 받고 회복되도록 예정하셨는데, 수술을 받지 못한다면 나는 회복되지 못하고 죽음을 맞을 겁니다. 하나님께서 우리집에 시련을 허락해 불이 나게 하셨는데, 불이 나지 않는다면 혹독한 시련도 없을 것입니다. 당신은 "하나님께서 태양

으로 하여금 밝게 빛나도록 예정하셨으므로, 태양 속에 불이 있든 없든 태양은 밝게 빛을 내는 것"이라고 말할 수 있겠습니까?

기도하지 않는 자 : 아니죠.

기도하는 자 : 저도 그렇습니다. 왜 그렇게 말할 수 없지요?

기도하지 않는 자 : 태양의 빛은 그 속에서 타고 있는 불로부터 온 것이기 때문이지요.

기도하는 자 : 그렇습니다. 나는 기도 응답을 그런 식으로 생각합니다. 응답은 빛이고 기도는 불입니다. 하나님께서는 우주를 친히 창조하셨고 상당 부분 기도를 통해 움직이게 하셨습니다. 그것은 그분이 불을 통해 빛을 만들어내시는 것과 동일한 원리입니다. 이해 안 됩니까?

기도하지 않는 자 : 이제 알겠군요.

기도하는 자 : 그렇다면 복잡한 문제들에 대한 생각을 멈추고 성경으로 돌아가십시오. 그리고 이 말씀을 기억하십시오. "구하라 그리하면 받으리니 너희 기쁨이 충만하리라"(요 16:24). "너희가 얻지 못함은 구하지 아니함이요"(약 4:2).

하나님과 교제하는 법

삼위일체와 개인적인 관계맺기

존 오웬이 쓴 「성도와 하나님과의 교제」(생명의말씀사 간)처럼 나를 하나님과의 깊은 교제 속으로 끌어들인 책은 그리 흔치 않다. 그것은 1657년에 17세기의 가장 위대한 청교도 목회자이자 신학자가 쓴 책이다.

J. I. 패커는 이렇게 말했다. "하나님께서 성경을 통해 죄악 된 인간에게 보여주신 견고함과 심오함과 위엄을 드러내는 데 있어 오웬에 필적할 만한 사람은 없다." 오웬의 글이 읽기 어렵다는 것은 사실이다. 하지만 패커의 말도 전적으로 옳다. "오웬의 글을 연구함으로써 얻게 될 보상은 연구하기 위해 쏟아부은 모든 노력만큼 가치 있다."

오웬은 하나님과의 교제를 이렇게 정의했다. "하나님과 우리의 교제는 우리에게 자신을 드러내시는 행위 속에 있다. 그분은 우리가 그분께 반응하기를 요구하며 우리의 반응을 받아주신다. 우리는 예수 그리스도 안에서 그분과 하나가 된다."

이 책의 독특하고 주목할 만한 특징은 크리스천들이 삼위일체 속에서 세 위격과 개별적으로, 그리고 전체적으로 교제를 나누는 것에 대해 신중하게 설명해놓았다는 것이다. "삼위 하나님으로부터 오는 각각의 은혜는 너무나 독특하므로, 성도들은 삼위 하나님과의 독특한 교제를 개별적으로 나눌 필요가 있다."

먼저 그는 성부 하나님과 교제하는 기쁨 속으로 우리를 인도한다. "성도들은 성부 하나님과 독특하고 놀라운 교제를 나눈다. 그것은 사랑이다. 얽매이지 않고 분에 넘치는 영원한 사랑이다." "우리의 사귐은 아버지와 … 함께함이라"(요일 1:3).

그는 요약 부분에서 우리가 어떻게 성부 하나님과 교제를 누릴 수 있는지 설명했다. "교제는 주고받음 속에 있다. 성부 하나님의 사랑을 받기 전까지, 우리는 그 사랑 속에서 그분과 교제를 나누지 못했다. 이제 그분의 사랑을 받았다면, 어떻게 해야 그 교제를 유지해나갈 수 있을까? 믿음으로 가능하다. 그 사랑을 받는 것은 곧 그 사랑을 믿는 것이다."

"하나님이 우리를 사랑하시는 사랑을 우리가 알고 믿었노니 하나님은 사랑이시라 사랑 안에 거하는 자는 하나님 안에 거하고 하나님도 그 안에 거하시느니라"(요일 4:16).

여기에서 믿음이란 무엇인가? 그것은 "그분의 사랑에 편안한 마음으로 설득되는 것이며, 그 사랑을 영적으로 인식하고 느끼는 것"이다. 그 사랑으로 우리의 영혼은 하나님 안에서 편안히 휴식한다. 나는 바로 그런 의미를 "하나님이 예수 안에서 우리를 위해 베풀어주신 모든 것에 만족하라"는 구절을 통해 드러내고자 했다.

오웬은 계속해서 우리를 성부 하나님과의 교제 속으로 이끌어 간다. "너희를 불러 그의 아들 예수 그리스도 우리 주로 더불어 교제케 하시는 하나님은 미쁘시도다"(고전 1:9).

예수님과 나누는 교제를 가장 극적으로 표현한 구절은 요한계시록 3장 20절이다. "볼지어다 내가 문 밖에 서서 두드리노니 누구든지 내 음성을 듣고 문을 열면 내가 그에게로 들어가 그로 더불어 먹고 그는 나로 더불어 먹으리라."

오웬은 우리와 예수님 사이의 식탁 교제를 매우 중요하게 여겼다. 우리가 마음의 식탁에서 먹는 음식은 무엇인가? 우리는 예수님께서 우리를 위해 베푸신 영적 진리와 아름다움과 능력을 먹으며 살아간다. 예수님께서는 우리 마음의 식탁에서 무엇을 드시는가?

오웬은 이렇게 대답한다. "그분은 성도들에게 베푼 자신의 은혜로 인하여 즐거움을 누리신다. 그분은 성령을 통하여 성도들에게 은혜를 끼치신다. 주 그리스도는 성도 안에서 맺히는 성령의 열매를 맛봄으로써 참을 수 없는 기쁨을 느끼신다."

마지막으로 오웬은 보혜사 성령(요 16:7)과 나누는 교제 속으로 우리를 인도한다. 오웬은 "우리 생명과 영혼의 모든 즐거움은 그리스도의 약속 안에 간직되어 있다"고 했다. 하지만 그는 이러한 그리스도의 약속들은 "우리의 연구를 통해 최대한 밝혀진다 하더라도 글자 자체만으로는 아무런 능력을 발휘하지 못한다." 그러나 "때때로 그 약속들은 강력하고 흡입력 있는 사랑과 힘과 더불어 우리의 영혼을 완전히 압도한다."

그런 시점에 도달하면 "믿음은 특별히 성령님과 관련을 맺기 시작한다. 비로소 약속의 진가가 나타난다. 믿음을 소유한 성도는 성령님을 중시하며 성령님을 기다린다. 그리고 그분이 말씀 속에서 모습을 드러내실 것이라고 생각한다. 그리고 성령님의 사역과 능력 속에서 그분을 인정한다. 얼마 지나지 않아 영혼은 약속을 따르는 삶이 그의 마음을 뜨겁게 하며, 걱정을 몰아내고, 소망을 간직하고, 두려움과 혼란 또는 근심에서 벗어나도록 해주는 것을 느끼기 시작한다. 그러나 그 자리에는 반드시 성령님이 계시다는 사실을 잊지 말아야 한다. 그러한 변화는 성령님께 기쁨을 더해주며, 우리로 하여금 성령님과 더욱 깊은 교제를 누리도록 인도한다."

성부, 성자, 성령 하나님과 교제를 나누는 것이 무엇인지 반드시 배워야 한다. 오웬의 생각을 빌리자면 하나님의 말씀이 교제의 장소다. 하나님께서는 말씀을 통해 다가오신다. 우리가 열망하는 것은 하나님 바로 그분이다.

우리는 어디에서 그분을 만나야 하는가? 그분은 자신을 어디에서 드러내시는가? 그에 대한 해답은 사무엘상 3장 21절에 제시되어 있다. "여호와께서 실로에서 다시 나타나시되 여호와께서 실로에서 여호와의 말씀으로 사무엘에게 자기를 나타내시니."

하나님께서는 '여호와의 말씀으로' 자신을 나타내고, 말씀으로 우리를 만나고, 말씀으로 우리와 사랑을 나누며, 말씀으로 우리와 교제하신다. 영혼을 위하여 말씀의 샘으로 나아가 그 샘물을 마시라. 우리는 더 이상 혼자가 아니다.

하나님은 언제 응답하시는가?

예수의 이름을 믿고 서로 사랑하는 사람들

무엇이든지 구하는 바를 그에게 받나니

이는 우리가 그의 계명들을 지키고

그 앞에서 기뻐하시는 것을 행함이라

그의 계명은 이것이니 곧 그 아들 예수 그리스도의 이름을 믿고

그가 우리에게 주신 계명대로 서로 사랑할 것이니라(요 3:22-23).

요한은 하나님께서 당신의 계명들을 지키는 자들의 기도를 응답해주신다고 말한다. 그는 하나님의 계명들을 하나의 계명(단수)으로 요약했는데, 실제로 그것은 두 가지로 분류된다(두 가지가 서로 뒤섞여 있으므로 요한은 두 가지를 하나로 취급했다).

하나. 그 아들 예수 그리스도의 이름을 믿음.

둘. 서로 사랑함.

하나님께서는 당신의 아들을 믿고 서로 사랑하는 자들의 기도

에 응답해주신다. 사람들은 이 두 가지가 전혀 다른 것을 의미하는 것으로 착각한다. 예를 들어, 어떤 사람은 그 구절이 예수님을 믿고 사람을 사랑하는 것이 기도 응답을 얻는 길이라는 의미를 담고 있다고 생각한다.

이런 견해는 두 가지 이유에서 잘못되었다.

그 견해가 잘못된 첫번째 이유는 믿음으로 무언가를 얻을 수 없기 때문이다. '얻는다'는 표현은 자신의 가치를 드러내고 하나님을 채무자로 여기는 듯한 인상을 준다. 그것은 도저히 불가능한 일이다. 하나님께서는 이미 모든 것을 소유하고 계신다. 내가 어떤 가치를 지녔는가 하는 것은 만물에 대한 그분의 소유하심에 영향을 끼치지 못한다. 우리는 우리 자신의 가치로 하나님께 무언가를 얻을 수 없다. 하나님의 선물을 받고 싶다면, 그 선물들이 다른 무엇보다 더 뛰어나다는 것을 믿으며, 하나님께서 당신을 바라며 세상을 의지하지 않는 자들에게 그 선물을 후하게 주실 것을 확실히 믿어야 한다.

둘째, 사람을 사랑하는 행동으로 하나님의 복을 얻을 수 없다. 왜냐하면 사랑은 하나님을 믿어 생겨난 열매이기 때문이다(갈 5:6). 사랑은 하나님께서 우리 안에서 역사하신 결과이지 우리가 하나님을 위해 독자적으로 행하는 일이 아니다. 요한은 사랑이란 우리가 생명의 선물을 받았다는 증거이지 생명을 받은 삯으로 행하는 것이 아님을 분명하게 가르쳐준다. "우리가 형제를 사랑함으로 사망에서 옮겨 생명으로 들어간 줄을 알거니와 사랑치 아니하는 자는 사망에 거하느니라"(요일 3:14).

그렇다면 요한은 무슨 의미로 하나님께서 아들을 믿고 서로 사랑하는 자들의 기도에 응답해주신다고 말했을까?

아마 다음과 같은 의미에서 그렇게 말했을 것이다. 기도에는 특별한 목적이 담겨 있다. 하나님께서는 우리의 기도를 그분이 이 세상에서 역사하는 방법으로 사용하기로 계획하셨다. 우리가 기도를 오용한다면, 기도는 제구실을 하지 못할 것이다. 그렇다면 기도를 만드신 의도는 무엇인가? 기도는 하나님께서 계획하신 것으로서 믿음의 결과이며 사랑의 원인이다.

그러므로 하나님의 아들의 이름을 진정으로 믿지 않으면서 기도한다면, 다른 사람들을 사랑하려는 목적도 세워놓지 않고서 기도한다면, 그것은 잘못 기도하는 것이다.

"무엇이든지 구하는 바를 그에게 받나니 이는 우리가 그의 계명들을 지키고 그 앞에서 기뻐하시는 것을 행함이라." 이 구절은 그분의 계명을 지키는 행동이 기도 응답을 가져다준다는 것을 의미하지 않는다. 그와 반대로 이 구절은 기도가 계명을 지키는 자들에게 능력을 덧입혀주기 위해 고안되었다는 의미를 내포하고 있다. 바로 그런 일을 위해 기도가 존재한다.

기도는 우리가 다른 이들을 사랑하는 일에 힘을 기울일 때, 하나님께서 우리에게 도움을 주고자 자신을 우리에게 내어주시는 방법이다. 기도는 사랑하게 하는 능력이다. 그러므로 사랑하려는 목표를 세우지 않았다면, 우리의 기도는 헛된 것이다. 기도는 자신의 즐거움을 배가시키기 위해 만들어진 것이 아니다.

그뿐 아니라 기도는 믿음의 결과다. 예수님의 이름을 믿는다는 말은 우리가 그로 말미암아 만족을 누린다는 뜻이다. 우리는 그분의 삶과 말씀을 받아들이고 사모하며 기뻐한다. 우리는 그분의 약속에 생명을 건다. 기도는 이러한 믿음으로부터 말미암는다. 우리는 하나님께서 우리에게 필요한 모든 것들을 예수님 안에서 채워주겠다고 약속하신 것을 알고 있다.

그 약속을 힘입어 우리는 그분의 자비로운 뜻을 이루기 위한 기쁨과 평안과 능력을 그분께 요청하는 단계까지 나아가게 된다. 따라서 기도는 하나님께서 예수님 안에서 우리를 위해 약속하신 모든 것에 만족함으로써 흘러나온다. 즉 기도는 믿음의 결과라는 말이다. 예수님의 이름에 대한 믿음이 없는 곳에서, 기도는 전혀 다른 힘에 이끌리며 결국 아무 구실도 하지 못한다.

믿음과 사랑을 한꺼번에 언급한 모습에서 이러한 두 가지 요소가 기도 응답을 위한 단일한 조건이라는 사실을 발견하게 된다. "그의 계명(단수)은 이것이니 곧 1) 그 아들 예수 그리스도의 이름을 믿고 2) 그가 우리에게 주신 계명대로 서로 사랑할 것이니라."

예수님을 믿는 것은 하나님께서 그 안에서 우리를 위해 행하신 모든 일에 만족한다는 것이고, 서로 사랑하는 능력은 하나님께서 예수님 안에서 우리를 위해 행하신 영광스러운 일들 가운데 하나다. 믿음이 기도를 이끌어낼 때, 기도는 사랑이라는 경로를 통해 표출된다. 기도가 사랑의 경로에서 벗어나면, 우리는 그 기도가 더 이상 믿음에 이끌리지 않는다는 사실을 알고, 그 기도가 응답받지 못하는 이유도 알게 된다.

예수님께서는 이땅에 오셔서 당신의 목숨까지 바치면서 다른 사람을 사랑하셨다. 기도는 우리도 그런 일을 할 수 있는 힘을 얻고자 하나님을 우리 쪽으로 부르는 방법이다. "그가 우리를 위하여 목숨을 버리셨으니 우리가 이로써 사랑을 알고 우리도 형제들을 위하여 목숨을 버리는 것이 마땅하니라"(요일 3:16).

이런 이유 때문에 예수님의 이름을 믿는 것과 서로 사랑하는 것은 기도 응답의 통로로 함께 연결되어 있다. 우리를 구원하신 구세주로 인해 만족을 누리는 것과 그분이 사랑하신 것처럼 서로 사랑하는 것은 하나의 모습이다.

하나님께서 당신의 모든 능력으로 예수님과 함께하시고 그분이 필요로 하는 모든 도움을 주셨던 것처럼, 하나님은 우리가 예수님을 믿고 서로 사랑할 때 우리와 함께하실 것이다. 하나님께서 예수님의 이름을 믿고 서로 사랑하는 자들의 기도에 응답하는 이유는, 예수님이 찬송받는 것을 그분이 좋아하시기 때문이다.

신앙 서적의 긍정적인 효과

영적 전투를 위한 독서 모임

성경은 책이다. 성경은 세상을 변화시켰다. 성경이 아닌 다른 책들도 하나님과 그분의 진리를 위해 놀라운 힘을 발휘했다. 예를 들어, 조나단 에드워즈의 「데이비드 브레이너드의 생애」(좋은씨앗간)처럼 오래 전에 기록된 위인들의 전기는 수백년 동안 선교의 열정을 불태우는 연료로 사용되었다.

지금부터는 책과 관련된 이야기들을 몇 가지 해보려고 한다. 아마 거의 들어보지 못한 이야기들일 것이다. 1700년대 말, 영국의 노샘프턴셔 침례교 연합회 소속 목회자들은 기도와 금식과 독서를 위해 정기적으로 만났다. 존 라일랜드가 1788년 1월 21일 기록한 일기에는 다음과 같은 내용이 실려 있다.

풀러, 슈트클리프, 캐리, 그리고 나는 오늘을 금식일로 정했다. 우리는 서재에서 디모데전서에서 디도서까지 서신서를 읽었다. 아울러 부스, 블랙커비, 질리스, 로저스 등이 쓴 여러 권의 책을 읽었다. 그러고 나서 각자가 두 번씩 기도했다. 캐리는 유난히 기도를 오래했고 그 내용도 신랄했다. 우리가 이렇게 모이는 주된 목적은, 하나님께서 우리 개인의 영혼과 각자 섬기는 교회와 모든 교회 속에 경건의 능력을 다시 일으켜주시기를 간구하기 위해서다.

그들의 목표는 기분 전환이 아니라 영적 전투를 위한 전략을 세우는 것이었다. 함께 좋은 책을 읽는 것은 그 속에 포함된 전술의 하나다. 이러한 모임의 또다른 구성원이었던 앤드류 풀러는 일기에 이런 글을 남겼다. "오늘밤에는 조나단 에드워즈의 「신앙 부흥을 위한 기도를 촉진하려는 시도」(Attempt to Promote Prayer for the Revival of Religion)라는 책을 읽었다. 이 책은 우리 모두의 마음을 흔들어놓았다. 특히 내가 읽은 부분이 감동적이었다."

우리 교회 교역자들도 그와 같은 모임을 가진 적이 있었다. 나는 데이비드 브레이너드의 일기의 일부와 앤 저드슨(아도니람의 부인)의 전기 가운데 한 장을 복사했다. 우리는 한밤중에 정해진 장소에 모여 두 시간에 걸쳐 한 사람이 한 페이지씩 돌아가며 읽었다.

참으로 놀라운 경험이었다. 브레이너드의 글을 읽고 우리는 모두 그 어느 때보다 뜨겁게 기도했다. 우리는 교회의 다른 소그룹에도 그런 방법을 사용하도록 권면했다. 단순히 기독교 서적이라는 이름만 가지고 있는 것이 아니라, 하나님 중심적인 내용이 풍부한 책들을 읽는 것은 너무나 중요한 일이다. 몇 가지 사례를 들어보겠다.

1714년에 세상을 떠난 매튜 헨리는 성경 전체의 주석을 여섯

권으로 기록했다. 조지 휫필드는 무릎 위에 헬라어 신약 성경과 함께 이 주석을 펼쳐놓고 읽곤 했다. 그것은 내용이 풍부하고 지적이며 신앙적인 주석으로 정평이 나 있다. 아마 지식적인 측면뿐만 아니라 감성적이고 신앙적인 면까지 도움을 얻을 수 있을 것이다.

내가 좋아하는 책들의 목록도 제시하고 싶지만, 그렇게 되면 지나치게 편향된 독서 경향을 가질 위험이 있다. 지금 나는 특정한 분야에 대한 책을 강조하는 것이 아니라, 몇몇 사람들과 함께 모여 독서하라고 권면하고 있는 것이다. 소그룹에 속해 있다면 구성원들과 함께 책을 읽고 내용에 대해 토론하라. 일주일에 한 장 정도의 분량을 읽을 시간을 내지 못한다면 우선 함께 모여 조금씩이라도 읽어나가는 것도 좋다.

진실로 유익한 글은, 직접 읽는 것은 물론이고 다른 사람이 읽는 것을 듣기만 해도 유익하다. 하나님께서는 당신의 말씀을 성경이라는 책으로 주셨다. 또한 그분은 설교와 가르침을 통해 당신의 말씀을 전달하기도 하신다. 생생한 목소리 속에는 진리를 더욱 활기차게 하고 진리에 대한 확신을 우리에게 더 강하게 심어주는 무언가가 있다. 단순히 생각만 하는 것보다 말을 함으로써 더 큰 힘이 발휘되는 것을 느낀 적이 있을 것이다. 또한 다른 이들의 입을 통해 나오는 귀중한 말들에 귀를 기울임으로써 결과적으로 삶의 변화도 경험할 수 있을 것이다.

| 제4부 |

하나님, 그 장래의 은혜

A   G o d w a r d   L i f e

장래의 은혜

순종하는 데 필요한 능력

감사는 경배를 위한 즐거운 감정이기는 하지만 순종의 측면에서 보면 위험한 동기가 될 수 있다. 감사하라는 명령은 성경에 아주 확고한 표현으로 제시되어 있다. "그리스도의 평강이 너희 마음을 주장하게 하라 … 또한 너희는 감사하는 자가 되라"(골 3:15). "범사에 감사하라 이는 그리스도 예수 안에서 너희를 향하신 하나님의 뜻이니라"(살전 5:18). 모든 것을 하나님께 빚지고 있는데 우리가 어떻게 감사하지 않을 수 있는가?

하지만 순종의 문제로 넘어오면, 감사는 위험스러운 동기가 될 수도 있다. 감사는 채무자의 용어 또는 채무자의 윤리로 표현되는 경향이 있다. 이를테면 이런 식이다. "하나님께서 당신을 위해 행하신 일이 얼마나 많은지 살펴보라. 당신 역시 감사하는 마음에서 그분을 위해 많은 일을 해야 하지 않겠는가?" "당신은 하나님께 모든 것을 빚지고 있다. 당신의 존재와 당신이 가진 모든 것은 그분이 주신 것이다. 당신은 그에 대한 답례로 무슨 일을 했는가?"

이런 식의 동기 부여에는 적어도 세 가지 문제점이 내포되어 있다.

첫째, 하나님께서 우리에게 베풀어주신 모든 은혜를 갚는 것은 불가능하다. 우리가 그분에게 무엇을 갚는다는 것 자체가 말이 안 된다. 그 이유는 로마서 11장 35-36절에 잘 나타나 있다. "누가 주께 먼저 드려서 갚으심을 받겠느뇨 이는 만물이 주에게서 나오고 주로 말미암고 주에게로 돌아감이라 영광이 그에게 세세에 있으리로다 아멘." 우리는 하나님께 아무것도 돌려드릴 수 없다. 우리가 그분에게 드려야 하는 모든 것은 이미 그분의 소유이기 때문이다.

둘째, 설령 하나님께 받은 은혜를 모두 갚는 데 성공한다 하더라도, 그것은 은혜 갚는 것을 사업적인 매매로 변질시키는 일일 뿐이다. 갚을 수 있는 것이라면 이미 그것은 은혜가 아니다. "일하는 자에게는 그 삯을 은혜로 여기지 아니하고 빚으로 여기거니와"(롬 4:4).

하나님과 임금 협상을 벌이려고 노력한다면, 그것은 그분의 은혜를 무효로 만드는 행위다. 친구가 사랑하는 마음을 가지고 호의로 저녁을 대접했다고 생각해보자. 그러나 저녁 식사를 끝내고 다음 주에 지금 대접받은 것을 갚겠다고 말한다면, 그것은 그 친구의 은혜를 무효로 만들고 친구의 호의를 하나의 거래로 전락

시켜버리는 것이나 마찬가지다.

하나님께서는 당신의 은혜가 무효화 되는 것을 원치 않으신다. 그분은 자신이 베푼 은혜의 영광이 찬미되는 것을 좋아하신다(엡 1:6, 12, 14).

셋째, 감사가 순종을 위한 근거라는 데 초점을 맞추면 장래에 임할 은혜의 막대한 중요성을 간과할 위험이 있다. 감사는 과거에 받은 은혜를 되돌아보며 고마움을 느끼는 것이다. 참된 믿음은 장래에 약속된 은혜를 기대하며 소망을 품는 것이다. "믿음은 바라는 것들의 실상이요 보지 못하는 것들의 증거니"(히 11:1).

장래의 은혜에 대한 믿음은 인간으로서 진정으로 순종할 수 있는 힘이 된다. 순종은 하나님께 빚을 갚고 다시 은혜를 돌려받는 사업상의 거래가 아니다. 순종은 하나님께서 더 많은 은혜, 장래의 은혜를 주실 것이라는 사실을 믿고 그럼으로써 하나님의 사랑과 능력에 깃든 광대하심을 찬미하는 태도에서 비롯된다. "내가 모든 사도보다 더 많이 수고하였으나 내가 아니요 오직 나와 함께하신 하나님의 은혜로라"(고전 15:10).

바울로 하여금 순종하는 삶 속에서 열심을 내서 일할 수 있도록 힘을 주었던 은혜는 매일매일 새롭게 그에게 채워졌다. 언제나 새롭게 임하는 은혜, 바로 이것이 진정한 믿음의 사람이 의지하는 것이다. 믿음은 "네가 어디로 가든지 네 하나님 여호와가 너와 함께하느니라"(수 1:9)와 같은 약속에 대한 신뢰다. 믿음의 사람은 그런 확신을 가지고 순종하며 약속의 땅을 향해 나아갔다.

과거의 은혜, 특별히 십자가의 은혜가 지닌 성경적인 역할은 장래에 임할 은혜를 확실하게 보증하는 것이다. "자기 아들을 아끼지 아니하시고 우리 모든 사람을 위하여 내어주신 이가 어찌 그 아들과 함께 모든 것을 우리에게 은사로 주지 아니하시겠느냐"(롬 8:32). 장래의 은혜에 대한 확신은 순종을 가능케 하는 힘을 준다. 장래의 은혜를 사모하면 할수록 우리는 하나님께 우리 삶 가운데 그분의 무한한 은혜를 베푸실 수 있는 기회를 그만큼 더 많이 드리게 된다.

장래의 은혜에 대한 약속을 굳게 붙잡고 그 약속에 따라 철저히 믿음 안에서 순종하라. 그리하면 하나님께서 무한한 영광을 누리실 것이다.

소고 치며 즐거워하라

교리에 대한 어느 낙천주의자의 반론

내가 무궁한 사랑으로 너를 사랑하는 고로

인자함으로 너를 인도하였다 …

네가 다시 소고로 너를 장식하고

즐거운 무리처럼 춤추며 나올 것이며(렘 31:3-4).

설교할 때 나는 교리를 강조한다. 그 이유 중 하나는 사도 바울이 교리를 강조했기 때문이다. 그것은 바울이 취한 선교 전략이었다. 그는 에베소 교회를 개척하는 사역을 마친 후 이렇게 말했다. "모든 사람의 피에 대하여 내가 깨끗하니 이는 내가 꺼리지 않고 하나님의 뜻을 다 너희에게 전하였음이라"(행 20:26-27). 그래서 나는 주일마다 계속해서 교리에 대해 설교한다.

오늘은 월요일이다. 태양은 밝게 빛나고 있고, 하늘은 깊은 바다처럼 푸르다. 기온은 21℃ 정도다. 바람이 부드럽게 불고 있다. 대기는 수정처럼 맑고 깨끗하다. 튤립이 꽃망울을 터뜨리려 한다. 아마 이럴 때에는 교리를 공부하기보다는 기쁨에 넘쳐 이리

저리 뛰어다니고 싶을 것이다.

나 역시 그렇다.

나는 충만한 기쁨과 영원한 즐거움(시 16:11)을 주지 못하는 종교에는 관심이 없다. 이 말은 불행 중에서 하나님의 신실하심을 발견하는 순간에 느끼는 심오하고 무게 있는 기쁨만 추구한다는 의미가 아니다. 사실 그런 의미 역시 내포되어 있다. 이 세상은 무수한 질병과 살인이 쉴새없이 일어나고 있다. 죄악으로 인한 불행이 완전히 사라질 때까지 그런 일은 그치지 않을 테지만, 그렇다고 해서 세상이 온통 불행으로만 가득 차 있는 것은 아니다.

나는 발랄하고 생명력 넘치는 송아지의 모습을 자주 떠올린다. "너희가 나가서 외양간에서 나온 송아지같이 뛰리라"(말 4:2). 4월의 햇빛과 살갗에 느껴지는 따뜻함, 그리고 얼굴을 간지럽히는 미풍을 사랑한다. 학교에서 돌아오는 아이들이 서로 뒤질세라 소리 높여 인사하는 소란스러운 광경을 사랑한다. 금방 사그라지는 사춘기 아이들의 억제되지 않는 감정을 사랑한다. 청년들이 교회에서 드라마를 통해 예수님을 사랑하는 마음을 힘껏 발산하는 충만함을 사랑한다.

충만함!

그리 흔하게 사용하는 말은 아니다. 그렇지 않은가? 우리는 열한 살쯤 되면 그런 상태에서 벗어난다. 그리고 다시 그것을 찾으려고 백방으로 노력하지만, 이미 그것은 우리 곁을 떠나버린 후다. 어른이 되어버린 것이다. 우리는 너무 많은 것을 알아버렸다.

아니면 아직도 너무 모르는 상태에 있는 것은 아닐까? 어중간하게 성장하고 멈춰버리지는 않았는가? 어릴 적의 순진한 충만함에서 벗어나 불완전한 상태에서 어두컴컴한 현실주의에 안주하고 있는 것이 우리의 현실일지도 모른다.

다시 교리로 돌아가자.

완전한 하나님의 뜻. 그것은 무엇인가? 그것은 어린 시절의 순진함이 더 이상 효력을 발휘하지 못할 때 충만함을 가져다줄 수 있는 새로운, 그러나 전혀 다른 성질의 기초다. 과거의 기초는 현실을 다루지 못했지만 새로운 기초는 모든 현실을 직시한다. 암, 핵무기, 환경의 위기, 테러, 낙태, 불타버린 도시, 가정 파탄, 가출한 아이들, 불경기 등등. 새로운 기반에서는 이런 모습들을 보고 느낀다. 그럼에도 불구하고 이 기초는 무너지거나 가라앉지 않는다.

이것이 하나님의 온전하신 뜻이다. 4월의 태양 아래서 춤을 추고 싶다면, 아예 눈을 감고 그렇게 하든지 아니면 하나님의 온전하신 뜻이라는 든든한 대지 위에서 뛰놀라.

"인자를 인하여 사람들이 너희를 미워하며 멀리하고 욕하고 너희 이름을 악하다 하여 버릴 때에는 너희에게 복이 있도다 그 날에 기뻐하고 뛰놀라 _____"(눅 6:22-23).

빈 칸은 "하늘에서 너희의 상이 큼이라"는 구절로서 우리가 기뻐하며 뛰놀아야 하는 이유를 말해주고 있다.

우리는 이 상을 어떻게 소망하게 되었는가? 어떻게 이 상이 그리스도를 통해 우리에게 주어졌는가, 이 상을 받은 자들이 소유한 믿음의 본질은 무엇인가, 이 상의 내용물은 무엇인가, 어떻게 우리는 이 상을 받을 것이라는 확신을 매일 지닐 수 있는가?

    이러한 모든 내용들이 교리다. 이것이 없다면, 우리 기쁨은 오래 가지 못할 것이다.

선을 행하려는 열심

가치 있는 목적을 이루기 위하여

또 너희가 열심으로 선을 행하면 누가 너희를 해하리요
그러나 의를 위하여 고난을 받으면 복 있는 자니
저희의 두려워함을 두려워 말며 소동치 말고
너희 마음에 그리스도를 주로 삼아 거룩하게 하고
너희 속에 있는 소망에 관한 이유를 묻는 자에게는
대답할 것을 항상 예비하되 온유와 두려움으로 하고
선한 양심을 가지라 이는 그리스도 안에 있는
너희의 선행을 욕하는 자들로 그 비방하는 일에
부끄러움을 당하게 하려 함이라(벧전 3:13-16).

"너희가 열심으로 선을 행하면 누가 너희를 해하리요"(13절). 크리스천들은 '선행을 위한 열심당(Zealots)'이 되어야 한다. 누군가를 위해 선한 일을 행할 수 있는가? 그를 도울 수 있는가? 옳지 못한 일을 바로잡고 그 일을 선한 쪽으로 돌릴 수 있는가? 그렇다면 그 일을 하라. 열심을 다해 하라!

손해를 볼 것 같은가? 그러나 궁극적으로 손해를 입지는 않을 것이다. "만일 하나님이 우리를 위하시면 누가 우리를 대적하리요"(롬 8:31). "주는 나를 돕는 자시니 내가 무서워 아니하겠노라 사람이 내게 어찌하리요"(히 13:6). "몸을 죽이고 그후에는 능히 더 못하는 자들을 두려워하지 말라 … 참새 다섯이 앗사리온 둘에 팔리는 것이 아니냐 그러나 하나님 앞에는 그 하나라도 잊어버리시는 바 되지 아니하는도다 너희에게는 오히려 머리털까지도 다 세신 바 되었나니 두려워하지 말라 너희는 많은 참새보다 귀하니라"(눅 12:4, 6-7).

14절 상반절 : 그러나 의를 위하여 고난을 받으면 복 있는 자니

그렇다. 선하고 옳은 일을 하기 위해 열심을 다하려고 할 때는 언제나 반대 세력에 부딪히기 마련이다. 고난을 당할 때에는 예수님께서 가르쳐주신 팔복의 내용을 항상 기억하라. "의를 위하여 핍박을 받은 자는 복이 있나니 천국이 저희 것임이라"(마 5:10).

14절 하반절-15절 상반절 : 저희의 두려워함을 두려워 말며 소동치 말고 너희 마음에 그리스도를 주로 삼아 거룩하게 하고

두려워하는 그 일에 경의를 표하라. 사람 앞에서 두려움으로

인하여 움츠러드는 것은 하나님의 영광 앞에서 경외의 마음으로 엎드리는 것과 완전히 상반되는 모습이다.

15절 하반절 : 너희 속에 있는 소망에 관한 이유를 묻는 자에게는 대답할 것을 항상 예비하되 온유와 두려움으로 하고

왜 그들이 소망에 대해 물을까? 그 이유는 인간의 마음에 담겨있는 행복에 대한 열망이 너무나 강렬해서 우리가 의를 위하여 기꺼이 핍박을 받는 모습에 대한 유일한 설명은, 그들이 지닌 소망의 정반대 편에 자리잡고 있는 소망일 수밖에 없기 때문이다. 이것은 예수님의 말씀과 정확히 일치한다. "기뻐하고 즐거워하라 하늘에서 너희의 상이 큼이라"(마 5:12). 소망은 핍박 아래서도 선을 행하려는 열심을 지탱해준다. 사람들은 그 사실을 직관적으로 알고 있다. 그래서 그들은 소망에 대해 묻는 것이다.

16절 : 선한 양심을 가지라 이는 그리스도 안에 있는 너희의 선행을 욕하는 자들로 그 비방하는 일에 부끄러움을 당하게 하려 함이라

선한 행동이 이루어진 시점과 그 행동이 우리의 대적자들에 의해 선한 것으로 인식되는 시점 사이에는 일정한 시간 간격이 있다. 먼저, 그들은 우리의 행동을 '욕한다.' 그리고 어느 정도 시간이 흐르면 '부끄러움을 당한다.' 얼마나 시간이 지나야 할

까? 아마 어떤 사람들은 최후의 심판 때가 되어서야 사실을 직시하게 될 것이다. 몇몇 사람들은 좀더 빨리 깨달을 수도 있다.

베드로 사도는 이처럼 욕을 하던 사람들이 하나님께 영광을 돌리게 되는 변화를 잘 설명해주고 있다. "너희가 이방인 중에서 행실을 선하게 가져 너희를 악행한다고 비방하는 자들로 하여금 너희 선한 일을 보고 권고하시는 날에 하나님께 영광을 돌리게 하려 함이라"(벧전 2:12).

얼마 동안 그들은 우리를 범죄자 취급하며 욕하겠지만, 결국 그들은 자신들이 욕하던 선행들로 인하여 하나님께 영광을 돌리게 될 것이다. 이 말은 그들이 이 세상에서 신앙을 받아들인다는 의미일 수도 있고, 마지막 심판 때에 어쩔 수 없이 하나님의 영광을 인정하게 되리라는 것을 의미할 수도 있다.

최종 판결을 내리는 것은 우리 몫이 아니다. 우리는 깨끗한 양심을 통해 말하고 온화하고 경건한 자세로 대답하기만 하면 된다.

가치 있는 목적을 이루기 위해 열심을 다하고 있는가? 모욕당하는 것도 능히 감수하면서 열심을 다해 선한 일을 수행하고 있는가? 아니면 자신이 행하는 일이 이 악한 세상에 전혀 해롭지 않게 여겨지고 어디에나 잘 어울리기 때문에, 당신에게 왜 그렇게 하느냐고 묻는 사람조차 하나 없는 것은 아닌가?

죽음으로 유익을 얻음

이는 내게 사는 것이 그리스도니
죽는 것도 유익함이니라(빌 1:21).

병적으로 죽음을 생각하는 사람이 겉으로 보기에는 죽음에 대해 별로 개의치 않는 것처럼 느껴진다. 모세는 인생의 짧음에 대해 깊이 생각하며 "우리에게 우리 날 계수함을 가르치사"(시 90:12)라고 기도했다. 죽음에 대해 숙고해보는 것이 좋다. 올바로 살아가는 사람만이 죽음을 제대로 인식할 수 있다. 올바른 삶 속에는 죽음이 유익한 이유를 배워가는 과정도 포함되어 있다.

이제부터 그 다섯 가지 이유를 말해보려고 한다. 하지만 그 이유들은 장래에 누릴 영광의 극히 일부만을 드러낸 것이다. 예를 들어, 그 속에는 부활의 영광에 대한 언급은 없다. 부활은 비록 짧은 순간에 일어날 일이지만, 우리를 깜짝 놀라게 하고 바울로 하여금 "내게 사는 것이 그리스도니 죽는 것도 유익"하다고 말할 수 있게 할 만한 사건이다.

첫째, 죽음의 순간에 영혼이 완전히 변한다.

그때에는 우리 속에 죄악이 남아 있지 않을 것이다. 우리를 사랑하고 우리를 위해 자신을 기꺼이 내주신 주님을 변호하기 위한 내적인 전쟁과 비통한 마음은 사라져버린다.

"그러나 너희가 이른 곳은 시온 산과 살아 계신 하나님의 도성인 하늘의 예루살렘과 천만 천사와 하늘에 기록한 장자들의 총회와 교회와 만민의 심판자이신 하나님과 및 온전케 된 의인의 영들과"(히 12:22-23).

둘째, 죽음의 순간에 이땅의 고통에서 해방된다.

아직 부활의 기쁨을 누리지는 못하겠지만 고통으로부터 해방되는 기쁨을 얻는다. 예수님께서는 나사로와 부자 이야기를 통해 이땅에서의 삶과는 정반대의 모습이 펼쳐질 것이라고 말씀해주셨다.

"[부자가] 불러 가로되 아버지 아브라함이여 나를 긍휼히 여기사 나사로를 보내어 그 손가락 끝에 물을 찍어 내 혀를 서늘하게 하소서 내가 이 불꽃 가운데서 고민하나이다 아브라함이 가로되 애 너는 살았을 때에 네 좋은 것을 받았고 나사로는 고난을 받았으니 이것을 기억하라 이제 저는 여기서 위로를 받고 너는 고민을 받느니라"(눅 16:24-25).

셋째, 죽음의 순간에 영혼의 깊은 안식을 얻게 된다.

어느 기분 좋은 여름 저녁, 너무나 평화로운 호숫가에서 느끼던 행복한 순간을 훨씬 능가하는 최상의 평온함이 우리 눈앞에 펼쳐지고 우리는 하나님의 직접적인 돌보심을 받는다.

"다섯째 인을 떼실 때에 내가 보니 하나님의 말씀과 저희의 가진 증거를 인하여 죽임을 당한 영혼들이 제단 아래 있어 큰 소리로 불러 가로되 거룩하고 참되신 대주재여 땅에 거하는 자들을 심판하여 우리 피를 신원하여 주지 아니하시기를 어느 때까지 하시려나이까 하니 각각 저희에게 흰 두루마기를 주시며 가라사대 아직 잠시 동안 쉬되 저희 동무 종들과 형제들도 자기처럼 죽임을 받아 그 수가 차기까지 하라 하시더라"(계 6:9-11).

넷째, 죽음의 순간에 고향에 돌아온 듯한 깊은 안도감을 경험하게 된다.

모든 인류는 자기도 모르는 사이에 하나님을 향한 향수병에 걸려 있다. 그리스도가 계신 고향으로 돌아가면 이땅에서 느낄 수 있었던 안도감과 평안함과 비교할 수 없는 만족감을 누리게 될 것이다.

"우리가 담대하여 원하는 바는 차라리 몸을 떠나 주와 함께 거하는 그것이라"(고후 5:8).

다섯째, 죽음의 순간에 그리스도와 함께 거하게 된다.

그리스도는 이땅에 있는 어느 누구보다 더 놀라운 분이다. 그분은 우리가 함께 있고 싶어하는 그 누구보다도 더 지혜롭고, 강하며, 인정 많은 분이다. 그분은 자신을 찾아온 손님들을 최고로 기쁘게 해주기 위해 무엇을 해야 하고 무슨 말을 해야 하는지 항상 정확히 알고 계신다. 그분은 사랑으로 충만하며 자기가 사랑하는 자들이 느낄 수 있도록 그 사랑을 사용하는 방법에 대해 무한한 통찰력을 가지고 계신다.

그러므로 바울은 이렇게 말했다. "이는 내게 사는 것이 그리스도니 죽는 것도 유익함이니라 그러나 만일 육신으로 사는 이것이 내 일의 열매일진대 무엇을 가릴는지 나는 알지 못하노라 내가 그 두 사이에 끼였으니 떠나서 그리스도와 함께 있을 욕망을 가진 이것이 더욱 좋으나"(빌 1:21-23).

지금까지 죽음이 가져다주는 다섯 가지 유익함에 대해 살펴보았지만, 이것은 장래에 누릴 엄청난 영광을 그 표면만 살짝 긁어낸 정도에 불과하다. 이외에도 너무나 많은 유익들이 우리를 기다리고 있다!

목마름에 대한 묵상

내가 주는 물을 먹는 자는 영원히 목마르지 아니하리니
나의 주는 물은 그 속에서
영생하도록 솟아나는 샘물이 되리라(요 4:14).

어느 월요일 아침에 나는 서재에서 무릎을 꿇고 기도했다. "오 주님, 저를 긍휼히 여기옵소서. 저는 죄인입니다. 나를 도와주옵소서. 여기 오셔서 내 영혼을 회복시켜주옵소서."

그렇게 기도한 후 조용히 주님께 물었다. "주 예수님, 당신이 주는 물을 먹는 자는 영원히 목마르지 아니할 것이라는 말씀은 무슨 뜻입니까? 저는 오늘 아침에 무척 목이 마릅니다. 부목사 데이비드 리빙스턴은 지난 밤에 갈증을 느꼈다고 합니다. 저를 찾아오는 거의 대부분의 교인들이 목마름을 호소합니다. '영원히 목마르지 아니하리라'는 말씀의 의미는 무엇입니까? 우리는 아직 당신이 주는 물을 마시지 못했습니까? 당신의 약속은 공허한 것입니까?"

주님은 해답을 주셨다. 그분은 그 구절의 나머지 부분을 보이시며 내가 이전에 전혀 보지 못했던 빛을 그 위에 비춰주셨다.

요한복음 4장 14절은 "내가 주는 물을 먹는 자는 영원히 목마르지 아니하리니"라는 말씀으로 시작한다. 나는 바로 이 구절을 놓고 주님께 부르짖었다. "이게 무슨 말입니까? 저는 정말 목이 마릅니다! 우리 교회 역시 심한 갈증을 느끼고 있습니다. 나와 함께 기도하는 부교역자들도 목마름에 빠져 있습니다. 예수님, 무슨 뜻으로 이런 말씀을 하셨습니까?"

예수님께서는 내가 알고 있는 그분의 유일한 방법으로 대답해 주셨다. 그분은 내 눈을 열어 당신이 하신 말씀의 의미를 성경 속에서 깨닫게 하셨다. 나는 주일 이른 아침에도 내 영혼과 교인들을 위한 목회 기도에 사용하기 위해 그 구절을 암송했다. 설교를 마친 후 기도할 때, 신령한 교제를 위해 재료로 택한 그 구절을 적재적소에 사용했다. 우리는 좀더 많은 성경 구절을 암기하지 못해서 통찰력을 잃어가고 있는 것은 아닐까?

주님께 울부짖을 때, 그 구절의 나머지 부분이 눈에 들어왔다. 예수님께서는 말씀하셨다. "나의 주는 물은 그 속에서 영생하도록 솟아나는 샘물이 되리라." 바로 그 속에 해답이 들어 있었다. 비록 귀로 들을 수 있는 소리는 아니었지만, 말씀 속에서 예수님의 음성이 선명하게 드러나고 이를 성령님께서 적용시켜주셨다.

나는 이 구절을 이렇게 이해했다.

네가 나의 물을 마실 때, 너의 목마름은 영원토록 사라질 것이다. 너의 갈증이 영원토록 해소되었는데도, 너는 아직도 내 물이 필요하느냐? 그것은 내가 원하는 모습이 아니다. 나는 스스로 무언가를 채우려 하는 자를 원치 않는다. 네가 나의 물을 마시면, 그 물은 네 속에서 샘물이 될 것이다. 그 샘물은 네 갈증을 해소시켜주겠지만, 물을 마시고 싶어하는 네 욕구를 없애기보다는 언제나 네 속에 있어 네가 목마름을 느낄 때마다 물을 흘려보냄으로써 목마르지 않게 해줄 것이다. 그 샘물은 마르지 않고 끊임없이 물을 공급해준다. 오늘 아침도 예외는 아니다. 존! 어서 마셔라. 네 속에서 솟아나는 샘물을 마셔라.

이 글을 쓰고 있는 지금도 나는 시편 23편의 귀중한 진리를 떠올린다. "여호와는 나의 목자시니 내가 부족함이 없으리로다." 하지만 우리는 계속해서 부르짖는다. "오 주님, 저는 오늘 갈증을 느끼고 있습니다. 많은 사람들이 당신을 목자로 여기고 싶어하는 것을 알고 있습니다. 도대체 "내가 부족함이 없으리로다"라는 말씀은 무슨 뜻입니까?"

나는 한 가지 교훈을 깨달았다. 먼저 갈증을 느껴 주님께 부르짖으라. 그리고 성경을 읽어보라. "그가 나를 푸른 초장에 누이시며 쉴 만한 물가으로 인도하시는도다 내 영혼을 소생시키시고 자기 이름을 위하여 의의 길로 인도하시는도다." '소생시키신다.' 이 말은 갈증이 내 영혼 속에서 일어나지만 예수님께서 만족시키신다는 의미다. 갈급함은 또다시 생기지만, 그분은 계속해서 채워주신다.

인생은 결핍과 만족이 연속적으로 반복되는 과정이다. 때로는 위험한 상태와 그 상태로부터의 구원이 주기적으로 반복된다.

"내가 사망의 음침한 골짜기로 다닐지라도." 사망의 골짜기를 지나면 갑자기 푸른 초장이 눈앞에 펼쳐지고, 잔잔한 물가도 나타난다. 우리 마음속의 샘물은 지금도 솟아나고 있으며 영원토록 흘러넘칠 것이다. 비록 우리 내면에 있더라도 그 샘은 우리 것이 아니라 하나님의 것이다. "나를 믿는 자는 성경에 이름과 같이 그 배에서 생수의 강이 흘러나리라 하시니 이는 그를 믿는 자의 받을 성령을 가리켜 말씀하신 것이라"(요 7:38-39).

목마름은 그리스도의 성령으로 해갈된다. 그리스도는 우리 영혼의 만족함을 위해 당신과 당신의 약속을 우리에게 드러내신다. 그러나 목마름은 사라지지 않는다. 그럼으로써 우리는 그리스도께 계속해서 나아가려는 충동을 잃지 않으며, 하나님께서 예수님 안에서 우리에게 제시하신 약속을 바라게 된다.

그리스도와 우리 사이에 간격이 없을 정도로 가까운 교제가 이루어질 때까지, 우리는 목마름을 느끼며 그분께 끊임없이 나아가야 한다.

눈물

눈물을 흘리며 씨를 뿌리는 자는
기쁨으로 거두리로다
울며 씨를 뿌리러 나가는 자는
정녕 기쁨으로 그 단을 가지고 돌아오리로다(시 126:5-6).

씨를 뿌리는 것은 결코 슬픈 일이 아니다. 추수하는 것보다 더 어려운 일도 아니다. 오히려 파종하는 때는 추수의 큰 꿈을 품는 아름다운 시기다. 하지만 시편 126편은 '눈물을 흘리며 씨를 뿌리는 자'에 대해 말하고 있다. 본문은 어떤 사람이 "울며 씨를 뿌리러 나갔다"고 말한다. 왜 그는 울었을까?

씨 뿌리는 것이 슬프거나 힘들기 때문은 아닐 것이다. 그가 우는 이유는 씨를 뿌리는 것과 아무런 상관이 없을 것이다. 씨를 뿌리는 것은 단순한 노동이다. 삶 속에서 눈물을 흘려야 하는 일을 당했을 때에도 그 일의 성격에는 변함이 없다. 수확물들은 우리의 슬픔이 끝나거나 문제가 해결될 때까지 기다려주지 않는다. 다음 겨울에 굶주리지 않으려면 슬퍼서 눈물을 흘리든 흘리지 않든 밭으로 나가 씨를 뿌려야 한다.

이 시편은 우리가 감정적으로 고조된 상태든 저하된 상태든 상관없이 일을 해야 하며, 그것이 자신에게 유익이 된다는 엄중한 진리를 가르쳐주고 있다. 깊은 상심과 낙담에 빠져 있는데, 그

때가 씨를 뿌려야 하는 최적기라고 가정해보자. "나는 지금 실의와 절망에 빠져 있기 때문에 이번 봄에는 파종하지 않겠어"라고 말하겠는가? 정말로 그렇게 한다면, 그해 겨울엔 틀림없이 굶주리게 될 것이다.

그와 정반대로 말하며 행동한다고 가정해보자. "나는 지금 상심하고 용기를 모두 잃어버렸어. 아침 식사하다가 우유를 쏟기만 해도 눈물이 나와. 전화벨과 초인종이 동시에 울려도 울고 싶어. 아무 이유 없이 슬퍼지고 눈물이 나. 하지만 지금은 밭에 나가서 씨를 뿌려야 할 시기야. 인생이란 다 그런 거야. 정말 씨를 뿌리고 싶지 않지만, 씨 자루를 들고 밭으로 나가 눈물을 흘리면서라도 내 할 일을 다해야 해. 눈물을 흘리며 씨를 뿌릴 거야."

정말 그렇게만 한다면, 이 시편의 약속처럼 수확물을 '기쁨으로 거두게 될' 것이다. '정녕 기쁨으로 그 단을 가지고 돌아올' 것이다. 그것은 씨를 뿌릴 때의 눈물이 수확의 기쁨을 가져다주었기 때문이 아니라, 단지 씨를 뿌린 것이 수확물로 나타났기 때문이다. 슬픔 때문에 파종을 포기하려는 마음이 생길 때마다 이 시편을 기억할 필요가 있다.

조지 맥도날드는 상심한 사람들에게 이렇게 권고했다.

반드시 해야 할 일이 무엇인지 생각해보라. 그리고 지금 당장 가서 그 일을 하라. 방을 청소하는 일이든, 식사 준비를 하는 것이든, 친구를 방문하는 일이든 무엇이든 하라. 감정에 지나치게 신경쓰지 말라.

당신의 일을 하라.

여기에서 우리는 이런 교훈을 얻을 수 있다. 미루지 말고 당장 해야 할 일들이 기다리고 있는데, 마음에는 슬픔이 가득 차 있고 눈물이 하염없이 흐른다고 하자. 그럴 때에는 가서 눈물을 흘리며 그 일을 하라. 현실적으로 행동하라. 그리고 눈물에게 말하라.

"눈물아, 나는 지금 너를 느끼고 있다. 너를 보니 인생을 포기하고 싶은 마음이 들지만 지금은 밭에 나가서 씨를 뿌려야 한다(접시를 닦고, 차를 정비하고, 설교를 준비해야 한다). 네가 오늘 내 얼굴을 여러 번 적신 것은 알고 있지만, 나는 일을 해야 한다. 그러니 너는 마음껏 흘러내려라. 나는 씨 자루를 매고 파종하러 나가려 한다. 나와 함께 가고 싶다면 계속 내 볼을 적시면 된다."

그리고 하나님 말씀의 기초 위에서 장래의 은혜를 신앙으로 바라며 말하라. "눈물아, 나는 네가 영원토록 머물지 않을 것을 알고 있다. 내가 지금 일을 하면 나중에 풍성한 수확물을 얻게 되겠지. 하나님께서는 약속하셨고, 나는 그분을 믿는다. 그러니 원한다면 얼마든지 흘러내려라. 아직 완전하게 목격하거나 느끼지는 못했지만, 씨를 뿌리는 이러한 단순 노동이 수확의 단으로 변하게 될 것을 나는 믿고 있다. 그때에 눈물 너는 기쁨으로 변하게 될 것이다."

왜 죽음에서 살아나셨다고 믿는가?

우리 안에 있는 소망을 위한 대답

"왜 당신은 예수님께서 죽음에서 살아나셨다고 믿는가?" 넌크리스천들로부터 이런 질문을 받으면, 나는 잠시 그들에게 설득력 있게 들릴 만한 간단한 대답이 어떤 것일지 골똘히 생각한다. 언뜻 듣기에 이 말은 모순된 것처럼 들린다. 내가 어떤 사실을 믿는다면, 그 사실을 지지하기 위해 연구하고 고민할 필요는 없지 않은가?

하지만 좀더 깊이 생각해보면, 그 말은 결코 거짓이거나 모순된 말이 아니다. 내가 아내를 어떻게 만났는지 기억하지 못한다 하더라도, 그것이 결혼하지 않았다는 의미는 아니다. 마음속에 담겨 있는 사랑을 설명하기 위해 적절한 표현을 찾지 못한다 하더라도, 그것이 내 속에 사랑이 없음을 의미하지는 않는다. 기억은 시간이 갈수록 희미해진다. 사람의 말은 완전한 의미를 담아내지 못한다. 기억이 약해지고 표현이 어눌하다고 해서 내 마음속에 사랑의 감정이 없다고 단정지을 수 없다.

따라서 예수님께서 죽음에서 살아나신 것을 왜 믿느냐는 질문에 쉽고 간단하게 대답할 수 있어야 하지 않을까? 살아 계신 예수님과 매일 교제한다면, 왜 우리가 그분의 부활을 믿는지 자신 있게 말할 수 있지 않을까? 분명히 그렇게 할 수 있을 것이다.

그렇다면 어떤 식으로 대답해야 할까? "나는 성경이 그렇게 말하므로 예수님께서 죽음에서 살아나신 것을 믿는다"고 대답할 수 있다. 어떤 이들은 이런 대답에 반발할 것이다. "그것은 합리적인 대답이 아니라 단순히 권위에 호소하는 것일 뿐이다." 맞는 말이다. 하지만 대부분의 사람들은 자신들이 목격하지 못한 일을 어떻게 믿느냐는 질문에 그런 식으로 대답한다.

신앙이 없는 전형적인 현대인들에게 바이러스, 방사능 또는 진화 등에 대해 질문해보라. 실제로 그런 질문을 받은 대다수의 사람들은 "과학자들이 그렇게 말했기 때문에 …"라는 식으로 말할 것이다.

그들의 말은 자신들은 어떤 보이지 않는 실체들이 존재하는 이유를 증명하지 못한다는 뜻이다. 그리하여 그들은 권위자인 과학자들의 증언을 자기 믿음의 근거로 내세운다. 그 믿음을 통해 여러 문제에 대한 해답을 얻게 되면 과학의 권위에 대한 의존도는 더욱 커진다.

'성경이 그렇게 말하기 때문에'라는 말은 받아들이기 어렵게 들리고, "과학자들이 그렇게 말했다"라는 말은 쉽게 받아들일 수 있게 들리는 이유는, 많은 사람들이 성경적인 권위보다는 과학적인 권위를 더 우선시하기 때문이다. 또한 다수결의 원칙에 따라

다수의 사람들이 지니고 있는 견해는 소수 사람들의 것에 비해 더 규범적이고 명확하게 들리기도 한다.

그렇다면 우리는 이렇게 질문해야 한다. 신약 성경의 기자들은 예수님의 부활에 대해 뛰어난 권위를 지니고 있는가? 그 질문은 반드시 짚고 넘어가야 한다. 그래야 게임이 공평해질 것이다. 대부분의 크리스천들은 다른 사람들에게 부활을 증명하기보다는 자신이 왜 부활에 대한 증언을 신뢰하는지 말하는 것을 더 편하게 여긴다. 그것은 일반 사람들이 원자력 방사능의 실체에 대해 말하는 것과 유사한 원리다.

나는 마태, 마가, 누가, 요한, 바울, 베드로, 야고보, 유다 그리고 히브리서 기자가 세상에 속한 무수한 권위자들과 비교할 때 내 인생 전체를 맡겨도 될 만큼 권위 있고 확실한 인물들임을 깨달았다. 그리고 인생의 죄책감과 두려움과 고통 등의 의미가 더할 나위 없이 분명하게 드러날 때, 그리스도의 성육신과 십자가와 부활은 바이러스나 진화보다 더 확실하고 신뢰할 만한 사건으로 내게 다가왔다.

예수님께서 죽음에서 부활한 사건을 뒷받침하는 훌륭하고 믿을 만한 역사적 논증들은 많이 있다. 나는 그 가운데 몇 가지를 "성경은 영원한 기쁨으로 인도하는 믿을 만한 길잡이인가?"라는 소논문에서 찾았다. 하지만 현실적인 문제는 바로 이것이다. 우리가 이성적으로 확신을 갖기 위해 이런 역사적인 논증들을 아무리 열심히 연구하더라도, 우리 신앙이 죽음의 시험을 받거나 불신자들에게 도전받을 때, 그런 이유들과 논증들이 마음속에 있으므로 쉽게 이용할 수 있을 것이라고 생각하는 것은 비현실적이다. 그것은 세속적인 삶의 철학과 다를 바 없다. 크리스천들은 이런 점에서 유별나지 않다.

그와 같은 질문들이 제기되는 순간, 우리 믿음의 힘을 유지할 수 있는 원동력은 하나님이 실재하시고, 그분의 말씀은 우리 삶 속에서 신뢰할 만한 것이었음을 깨달은 경험에서 비롯된다. 우리는 이렇게 말할 것이다.

"나는 성경에 제시된 그리스도에 대한 증거를 확실히 믿는다. 그리스도는 성경의 말씀들을 통해 결코 거부할 수 없는 확실함을 비춰주신다. 이 세상 문제에 대해 내 속에서 일어나는 여러 긴급한 질문들에 대해 성경적인 관점보다 더 분명하게 해결책을 제시해주는 세계관은 전혀 없었다. 하나님께서 내게 영적인 삶을 허락하셨으므로 나는 그분을 사랑하고 신뢰하며, 그 어느 것보다 그분과 함께 거하기를 간절히 소망한다." 이런 확신을 통해 우리는 요한일서 5장 11절에 있는 것과 같은 고백을 할 수 있다. "또 증거는 이것이니 하나님이 우리에게 영생을 주신 것과 이 생명이 그의 아들 안에 있는 그것이니라."

감사와 우상 숭배

진정한 감사에 대한 조나단 에드워즈의 생각

조나단 에드워즈는 우리 시대에 필요한 말들을 많이 남겨두었다. 하지만 그가 오늘날 살았더라면 그의 말들은 그렇게 예리하지 못했을 것이다. 그의 말은 감사의 근거와 관련되어 있다.

> 하나님께서 우리에게 베풀어주신 사랑으로 인하여 그분에게 드리는 진정한 감사는, 하나님께서 자신 속에서 보여주신 사랑이라는 근거에서 솟아난다. 반면에 인간 사회의 일상적인 감사에는 그처럼 선행하는 근거가 없다. 이미 받은 은혜로 인하여 하나님께 감사하려는 공손한 마음가짐은 이미 마음속에 쌓여 있는 사랑으로부터 흘러나온다. 그와 같은 공손한 마음가짐은 애초부터 하나님의 탁월하심이라는 기초 위에서 생겨난다.

다른 말로 표현하자면, 하나님을 기쁘게 해드리는 감사에서 가장 우선되는 것은 하나님께서 주신 은혜를 즐거워하는(물론 이것도 감사의 요소이긴 하지만) 태도가 아니라는 말이다. 진정한 감사는 가장 우선되는 것, 즉 하나님의 성품이 탁월하고 아름다움을 기뻐하는 태도에 뿌리박고 있어야 한다. 하나님의 탁월하심이 근거가 되지 못한 감사는 '자연인'의 감사와 다를 바 없다. 자연인은 성령과 분리되어 있고 그리스도 안에서 새롭게 피조되지 못했다. 자연인과 같은 입장에서 하나님께 드리는 감사는 불신자들이 하나님을 기뻐하지 않고 느끼는 모든 감정과 마찬가지로 하나님을 기쁘시게 해드리지 못한다.

선물을 받았다는 이유로 상대에게 자발적이고 깊은 존경의 마음 없이 감사를 남발한다면 그것은 아무런 영광이 되지 않을 것이다. 선물 받은 사람이 아무리 감사를 많이 표시하더라도 당신은 오히려 모욕감을 느낄 수 있다. 상대의 인격과 개성이 나의 마음을 끌지 못하고, 그 주위에 있는 것이 내게 기쁨을 가져다주지 못한다면 나는 단지 이용당한다는 느낌만 갖게 될 것이다. 그것은 내가 과업을 완성하기 위해 정말 좋아하는 연장이나 기계를 사용하는 것이나 다름없다.

하나님께 드리는 감사도 마찬가지다. 하나님의 인격과 성품에 완전히 매료되지 않았다면, 우리가 드리는 모든 감사는 마치 아내가 남편에게 받은 돈으로 다른 남자와 시간을 보낼 수 있어서 남편에게 고맙다고 말하는 것과 같다.

이러한 장면은 야고보서 4장 3-4절에 정확히 묘사되어 있다. 야고보는 하나님을 돈만 대주는 멍청한 남편처럼 취급하는 기도의 동기에 대해 책망했다. "구하여도 받지 못함은 정욕으로 쓰려고 잘못 구함이니라 간음하는 여자들이여 세상과 벗된 것이 하나님의 원수임을 알지 못하느뇨." 왜 야고보 사도는 그렇게 기도하는 자들을 '간음하는 여자들'이라고 불렀을까? 비록 기도는 하지만, 그들은 남편(하나님)을 버리고 정부(情夫, 세상)에게 갔기 때문이다. 더 심각한 문제는 그들이 간음하기 위해 필요한 자금을 보태달라고 남편에게 요청하는(기도하는) 것이다.

놀랍게도 이와 동일한 영적인 오류가 하나님께서 그들을 위해 그리스도를 보내주신 것에 대해 감사할 때에도 나타난다. 그리스도의 죽음은 하나님께서 우리에게 얼마나 많은 가치를 부여해놓고 있는지 보여주는 것이므로 우리는 그분의 죽음에 대해 감사해야 한다고 말하는 사람을 보았을 것이다. 그런 사람들이 드리는 감사의 근거는 무엇인가?

조나단 에드워즈는 그것을 '위선자들의 감사'라고 불렀다. 왜 그럴까? 그 이유는 "그들이 하나님께서 그들에게 많은 것을 베풀어주셨다는 이유로 인하여 기뻐했기 때문이다. 그런 바탕 위에서 … 그들은 하나님과 그리스도께서 얼마나 많은 것을 주셨는지에 대해 들을 때마다 최고의 기쁨을 느꼈다. 그러므로 그들의 기쁨은 하나님이 아니라 자신들 안에서만 누리는 기쁨이었다." 오늘날 사람들이 십자가에 반응하는 모습을 묘사해놓은 대부분의 글들이 영적 가치를 내포하고 있지 않고 일반적인 자기 사랑을 표현한 것들이라는 사실은 매우 충격적이다.

우리는 조나단 에드워즈의 말에 귀를 기울여야 한다. 단순히 그가 하나님의 영광을 위해 모든 일 — 감사하는 것도 포함하여 — 을 하라(고전 10:31)는 성경의 진리를 의미없이 베껴놓은 것이 아니기 때문이다. 우리가 드리는 감사가 선물을 주신 분의 뛰어나심이 아니라 그 선물의 가치에 근거하고 있다면 하나님께서는 영광을 받지 않으실 것이다. 감사가 선물에 앞서 하나님의 아름다움에 뿌리 내리고 있지 않다면, 그것은 위장된 우상 숭배에 지나지 않는다.

하나님께서 우리 속에 하나님의 하나님 되심으로 인해 감사하려는 마음을 허락하기를 바란다. 그리하면 하나님께서 주신 선물에 대한 우리의 모든 감사는 그 선물을 주신 분의 뛰어나심에 대한 기쁨의 메아리가 될 것이다.

소경이 된 아이를 위한 소망의 글

그 아이의 부모에게 보낸 편지

사랑하는 존과 다이안에게

지난밤 아내와 함께 기도할 때, 두 분에 대한 생각에 마음이 무거웠습니다. 저는 이렇게 기도했습니다.

"오 주님, 주님의 백성들이 이땅에서 살아갈 때, 불가능한 일들조차 기적과 지속적인 은혜로 가능하게 될 수 있다는 확신을 갖도록 설교하고 인도하며 사랑하는 목회자가 되게 하옵소서. 우리네 삶에 깃든 고통과 중압감의 의미를 깨닫도록 도우시고, 엄청난 격변이 일어나더라도 동요하지 않도록 붙들어주옵소서. 저를 위해 그리스도가 당하신 고통의 향기를 지니도록 도와주옵소서. 다른 이의 고통을 가볍게 보거나 무관심하지 않도록 하옵소서. 오 주님, 저와 우리 교회 교인들이 고통의 짐을 함께 지는 자들이 되게 하옵소서."

존, 그리고 다이안!

두 분의 아이가 앞을 보지 못하는 상태로 태어난 사실을 알고 나서 마음이 참 아팠습니다. 하나님께서는 우리 베들레헴 교회의 여러 가정에 그와 비슷한 고통을 안겨주셨습니다. 랜디와 앤 에릭슨 부부의 아이는 심장병을 안고 태어났습니다. 잰과 롭 바렛의 아이는 단 하루밖에 살지 못했습니다. 그리고 두 분의 아이도 있습니다.

주님은 "너희 교회에 새 생명의 선물을 주겠다"고 말씀하시지 않았습니까? 그런 일은 각 가정에만 불어닥친 고통이 아닙니다. 그것은 하나님께서 교회 전체에 주시는 선물이며 우리에게 각성을 요구하는 외침입니다.

그런 불행들은 이처럼 무익하고 타락한 세대가 파괴된 모습에 대한 경고의 말씀입니다. 그것은 "여기는 영구한 도성이 없음"(히 13:14)을 믿으라고 우리를 부르시는 초청입니다. 또한 이 세상에서 얻는 모든 것을 "그리스도를 위하여 다 해로 여기라"(빌 3:7)는 권고입니다.

이것은 하나님의 은혜가 우리의 속사람을 날마다 새롭게 하기에 충분함을 하나님께서 보여주고자 하실 때, 우리가 낙심하게 되는지 아닌지 그 여부를 판가름하는 무서운 시험 방법입니다. "우리의 잠시 받는 환난의 경한 것이 지극히 크고 영원한 영광의 중한 것을 우리에게 이루게 함이니 우리의 돌아보는 것은 보이는 것이 아니요 보이지 않는 것이니 보이는 것은 잠깐이요 보이지 않는 것은 영원함이니라"(고후 4:17-18).

오 주여, 우리의 눈을 열어 이 고통 속에 깃든 주님의 사랑을 보게 하옵소서.

"기도하여 가로되 여호와여 원컨대 저의 눈을 열어서 보게 하옵소서 하니 여호와께서 그 사환의 눈을 여시매 저가 보니 불말과 불병거가 산에 가득하여 엘리사를 둘렀더라"(왕하 6:17).

존, 다이안!

두 분의 삶을 둘러싸고 있는 산에는 하나님의 말과 병거가 가득 차 있습니다. 하지만 불신앙의 눈을 보면 이 세상에서 힘을 떨치고 있는 사탄만이 보일 뿐입니다. 하나님께서는 우리가 생각하지 못하는 여러 가지 방법으로 여러 세대와 무수한 사람들 속에서 역사하고 계십니다. 어떤 대가를 치르더라도 믿고 견뎌야 하는 것이 우리의 몫입니다. 바로 그것이 이 짧은 인생 속에서 우리에게 주어진 직무입니다.

제가 보기에 이 세상은 앞으로 다가올 하나님나라를 위한 실험 장소인 듯합니다. 어떤 사람들은 고통 없는 순탄한 인생을 살지 못하고 40-50년 동안 장애 자녀를 돌보는 일에 헌신하라는 부탁을 받습니다. 어떤 이들은 평생토록 앞을 보지 못한 채 살아가기도 합니다.

하지만 그것은 오직 이땅의 생애에만 국한된 일입니다. '오직'이라는 말이 매우 짧다는 의미로 이해되길 원합니다. 그것은 영원하고 무궁한 기쁨, 하지만 아직 완전한 상태가 아닌 기쁨을 위한 서곡입니다.

우리가 이 세상의 것이 전부인 것처럼 믿는다면 어떻게 무수한 인생의 짐들을 지고갈 수 있겠습니까? 이땅의 일들이 인생의 무대에 오르는 연극의 전부라면 어떻게 고난을 헤쳐갈 수 있겠습니까? 하나님께서 두 분의 장래에 대한 소망으로 인한 기쁨을 충만히 채워주시기를 기도합니다! "생각건대 현재의 고난은 장차 우리에게 나타날 영광과 족히 비교할 수 없도다"(롬 8:18).

두 분을 사랑합니다.

약속의 자녀를 주소서

곧 육신의 자녀가 하나님의 자녀가 아니라
오직 약속의 자녀가 씨로 여기심을 받느니라(롬 9:8).

위의 본문은 바울이 이스마엘과 이삭의 출생에 대한 내용을 주해한 것이다(창 16장, 17:15-21, 18:9-15, 21:1-7). 나는 이 모든 내용들을 깊이 살펴, 우리 교회를 무수히 많은 '육신의 자녀'로 가득한 '성공적인' 교회로 만들지 않겠다고 결심했다.

좀더 자세히 설명해보겠다. 하나님께서는 아브라함에게 약속하셨다. "네 몸에서 날 자가 네 후사가 되리라"(창 15:4). "하늘을 우러러 뭇별을 셀 수 있나 보라 … 네 자손이 이와 같으리라"(창 15:5). 그러나 아브라함의 아내 사라는 자녀를 잉태하지 못했다(창 11:30). 그녀는 아이를 '생산치 못했다'(창 16:1).

아브라함이 한 교회의 목사라고 생각해보라. 하나님께서 이렇게 말씀하신다. "내가 너를 복 주고 너의 목회를 번성하게 하리라." 그러나 한참 시간이 흐른 뒤에도 열매가 거의 없다. 교회는 자녀를 잉태하지 못해 아이들을 낳지 못했다.

그래서 아브라함은 어떻게 행동했는가? 그는 초자연적인 섭리에 대해 절망하기 시작했다. 나이는 점점 들어가고, 아내는 여전히 아이를 낳지 못하는 상태다. 그리하여 그는 초자연적인 섭리 없이 하나님의 약속의 자녀를 낳기로 결정했다. 그는 아내의 여종이었던 하갈과 동침했다(창 16:4). 하지만 그 결과는 '약속의 자녀'가 아니라 '육신의 자녀'인 이스마엘이었다.

하나님께서는 다음과 같은 말씀으로 아브라함을 놀라게 하셨다. "내가 그에게 복을 주어 그[사라]로 네게 아들을 낳아주게 하며"(창 17:16). 그러자 아브라함은 하나님께 이렇게 고했다. "이스마엘이나 하나님 앞에 살기를 원하나이다"(창 17:18). 그는 자신의 육신적인 자녀가 하나님의 약속을 성취하는 자가 되기를 원했다. 그러나 하나님께서는 분명히 말씀하셨다. "아니라 네 아내 사라가 정녕 네게 아들을 낳으리라"(창 17:19).

사라는 90세였다. 그녀는 평생 자녀를 잉태하지 못했고, 이제는 경수도 끊어졌다(창 18:11). 아브라함은 100세였다. 하나님께서는 약속의 성취를 너무 오랫동안 미루셨으므로, 이제는 인간적으로 불가능한 시점에 도달했다. 자녀를 주시겠다는 약속이 이루어질 수 있는 유일한 소망은 하나님의 초자연적인 개입밖에 없었다.

약속의 자녀들은 "혈통으로나 육정으로나 사람의 뜻으로 나지 아니하고 오직 하나님께로서 난 자들"(요 1:13)이다. 이 세상에서 하나님의 자녀로 인정될 수 있는 유일한 자들은 초자연적으로 출생한 약속의 자녀들이다.

이것이 바로 창세기 본문에서 말하는 요점이다. 바울은 갈라디아서 4장 28절에서 "너희는 이삭과 같이 약속의 자녀라"고 말했다. 당신은 육체를 따라 난 자가 아니라 성령을 따라 난 자다(갈 4:29).

다시 한 번 아브라함을 목회자로 생각해보라. 그의 교회는 하나님께서 약속하셨다고 확신한 방법으로 성장하지 않았다. 그는 초자연적인 섭리를 기다리는 데 싫증이 났다. 그는 어떻게 했는가? '하갈'이라는 인간적인 방법을 택해 성령님의 초자연적인 역사 없이 사람들을 끌어모으기로 결심했다.

일단 그렇게 할 수는 있었다. 하지만 그 교회는 이삭과 같은 교회가 아니라 이스마엘과 같은 교회다. 하나님의 자녀들이 모인 교회가 아니라 육신의 자녀들이 모인 집단이다.

하나님께서는 이런 식으로 성공을 거두려는 유혹으로부터 우리를 지켜주실 것이다. 인간적인 시각에서 '성공'하고 싶은 유혹은 쉽게 눈치챌 수 없을 만큼 미묘하다. 그러나 하나님께서는 마음을 감찰하시고, 기도의 돛을 올린 교회와 인간적인 방법이라는 선외 모터를 매단 교회를 쉽게 분별하신다.

영혼의 닻을 천국에 내렸는가?

소망을 굳게 잡으라

이는 하나님이 거짓말을 하실 수 없는

이 두 가지 변치 못할 사실을 인하여 앞에 있는 소망을 얻으려고

피하여 가는 우리로 큰 안위를 받게 하려 하심이라

우리가 이 소망이 있는 것은 영혼의 닻 같아서

튼튼하고 견고하여 휘장 안에 들어가나니

그리로 앞서 가신 예수께서 멜기세덱의 반차를 좇아

영원히 대제사장이 되어 우리를 위하여 들어가셨느니라

(히 6:18-20).

하나님께서는 우리 영혼이 천국에 닻을 내리길 원하신다. 우리가 온갖 사상과 문화와 유행과 격정이 혼재하는 바다에서 표류하는 것을 원치 않으신다. 그분은 우리가 해안에 정박할 위치를 정확히 파악해 암초에 걸리지 않기를 바라신다. 그래서 하나님께서는 우리에게 '영혼의 닻'을 주셨다(히 6:19). 그 닻은 '튼튼하고 견고하다.' 이상하게 들릴지 모르지만, 그것은 휘장 안으로 들어간

다. 그리스도는 대제사장으로서 이미 휘장 안으로 들어가셨다.

이 말은 무슨 의미일까? 휘장은 구약 시대의 성전에서 성소와 지성소를 나누던 막이다. 지성소는 하나님께서 일 년에 단 한 번 대제사장을 만나던 곳이며, 대제사장은 백성들의 속죄를 위해 동물의 피를 들고 그곳에 들어갔다. 히브리서 기자는 이것을 천국에서 일어나는 일을 이땅에서 보여준 예표로 여겼다. 실제로 그리스도는 우리의 대제사장으로서 모든 사람을 위해 하늘의 지성소에 동물의 피가 아닌 자신의 보혈과 영원한 생명을 가지고 들어가셨다. 지성소에서 그리스도는 자신의 보혈과 의로 모든 하나님의 백성들에게 약속된 영원한 기쁨에 대해 권리를 주장하신다.

따라서 우리 영혼의 닻이란 하나님과 함께 누릴 영원한 즐거움에 대한 절대적이고 확실한 소망이다. 그 소망은 예수님께서 지성소에서 행하신 제사장의 직임을 통해 확보해주셨다. 다른 관점에서 본다면, 우리 영혼의 닻은 언약궤 주위에 단단히 묶여 있으며, 하나님께서는 우리를 위한 아들의 희생에 대한 보상으로서 전능한 손으로 그것을 견고하게 붙잡고 계신다. 그리스도의 보혈이 소중한 것처럼 우리의 안전은 확실하게 보장되어 있다.

이제 몇 가지 물어보자. 닻줄의 다른 한쪽은 천국에서 떨어져 나와 우리 영혼의 갑판 위에 느슨하게 풀어져 있지 않은가? 그리스도의 보혈은 닻 양쪽 모두에 대한 안전을 보장하는가? 우리 영혼의 닻은 하늘에 묶인 것처럼 견고하게 우리에게 묶여 있는가? 그리스도의 죽음은 하늘에서만 구원을 보장하고 이땅에서는 보장해주지 못하는 것은 아닌가? 하나님 편은 안전하지만 우리 쪽은 안전하지 못한 것은 아닌가?

히브리서에서 제시하는 대답은 그 닻의 양쪽 모두가 안전하다는 것이다. 그렇다, 우리는 닻을 단단히 붙잡고 있어야 한다. 그런데 더욱 기쁜 소식은 우리가 단단히 붙잡고 있는 쪽의 안전도 예수님의 보혈로 확실하게 보장된다는 사실이다. 예수님의 보혈은 새 언약의 보혈이다. 하나님께서는 새 언약을 통해 온전한 구원을 보장해주겠다고 약속하셨다. 새 언약은 하나님께서 자기를 사랑하는 자들을 용서하고 받아주고(렘 31:34), 더 나아가 우리가 그분을 사랑하며(신 30:6), 그분의 율례 속에서 행하고(겔 36:27), 그분을 두려워하며 그분을 떠나지 아니하는(렘 32:40) 것을 인정하고 알아주시리라는 약속을 담고 있다.

예수님께서는 죽음을 당하셨을 때, 자신의 보혈로 새 언약의 약속들을 획득하셨다. 그리고 최후의 만찬 석상에서 이렇게 말씀하셨다. "이 잔은 내 피로 세우는 새 언약이니 곧 너희를 위하여 붓는 것이라"(눅 22:20). 히브리서 13장 20절에서는 예수님의 보혈을 '영원한 언약의 피'라고 불렀다.

다음 구절은 이렇게 말한다. 하나님께서 새 언약의 성취로서 "그 앞에 즐거운 것을 예수 그리스도로 말미암아 우리 속에 이루시리라"고 했다. 다시 말해, 우리가 '소망을 굳게 잡는 것'은 하나님께서 '예수 그리스도로 말미암아 우리 속에 이루시는' 일이라는 것이다. '예수 그리스도로 말미암아'라는 말은 예수 그리스도가 우리를 위해 이러한 은총을 보장해주셨다는 의미다. 이것은 갈보리에서 성취된 우리 구원의 일부다. 예수님께서는 우리의 안전을 철저히 확보해주셨다.

우리 영혼의 닻은 하늘에 묶여 있고 우리 영혼 속에 든든하게 자리잡고 있다. 닻줄은 우리 눈앞에서 흔들리거나 영혼의 갑판 위에 느슨하게 풀어져 있지 않다. 성령님께서는 그 닻줄을 잡고 나약하고 상처 받기 쉬운 우리 영혼의 작은 배를 절대 깨지지 않는 주권적인 언약의 사랑에 단단하게 묶어주신다. 이것이 바로 새 언약에 약속되어 있고 예수님의 보혈로 보장된 내용이다.

그렇다면 왜 히브리서 기자는 우리에게 "소망을 굳게 잡으라"고 권면하는가? 우리가 그리스도의 보혈로 견고하게 붙잡힌 바 되리라는 보장을 받았다면, 하나님께서 우리에게 소망을 굳게 잡으라고 말씀하시는 이유는 무엇인가?

그에 대한 답은 이렇게 할 수 있다. 그리스도가 죽음으로써 우리에게 가져다주신 것은, 굳게 잡는 일로부터의 완전한 해방이 아니라 소망을 굳게 잡는 것을 가능케 하는 능력이다. 그분은 우리의 의지를 파기하신 게 아니라 우리의 의지에 힘을 불어넣으신다. 우리가 소망을 굳게 잡길 원하시기 때문이다. 그분이 가져다주신 것은 소망을 굳게 잡으라는 명령의 취소가 아니라 그 명령의 성취다. 은혜를 입지 아니하면 도저히 할 수 없는 일들을 무력한 죄인들에게 행하라고 권고하는 것은 어리석은 말이 아니라 위대한 복음이다. 하나님 안에서 소망을 굳게 잡으라.

| 제5부 |

하나님, 그 택하신 사람들

A Godward Life

참 크리스천은 누구인가?

그리스도의 강권하는 사랑

그리스도의 사랑이 우리를 강권하시는도다
우리가 생각건대 한 사람이 모든 사람을 대신하여
죽었은즉 모든 사람이 죽은 것이라
저가 모든 사람을 대신하여 죽으심은
산 자들로 하여금 다시는 저희 자신을 위하여 살지 않고
오직 저희를 대신하여 죽었다가
다시 사신 자를 위하여 살게 하려 함이니라(고후 5:14-15).

크리스천이 된다는 것은 무엇을 뜻하는 것일까? 19세기의 위대한 개혁주의 신학자였던 찰스 하지는 이렇게 대답했다. "거룩한 주님이 우리에게 베푸신 사랑에 너무나 강력하게 매여 있기 때문에, 우리는 그에게 생명을 성별하여 바치지 않을 수 없다."

크리스천이 된다는 것은 그리스도가 우리를 위해 죽으셨다는 것을 단순히 머리로만 믿는 것을 의미하지 않는다. 그리스도의

사람이 된다는 말은 그런 행동을 통해 보여주신 사랑에 '매여 있는' 것을 뜻한다. 진리는 우리 속에서 압박한다. 우리 마음을 사로잡고 절대 놓지 않는다. 믿음에 걸맞는 행동을 하도록 재촉하고 통제한다. 우리 주위를 둘러싸고 거기에서 벗어나지 못하게 한다. 진리는 우리를 기쁨 속에 가둬놓는다.

어떻게 그럴 수 있을까? 바울은 그리스도의 사랑이 우리를 강권하기 때문이라고 했다. "우리가 생각건대 한 사람이 모든 사람을 대신하여 죽었은즉 모든 사람이 죽은 것이라." 바울은, 그리스도가 죄인들을 위하여 죽으셨다는 사실뿐만 아니라 그리스도의 죽음이 곧 모든 믿는 이들의 죽음이라는 바른 판단 아래 크리스천이 되었다.

다른 말로 하자면, 크리스천이 된다는 말은 그리스도가 당신의 모든 백성들을 위해 죽으셨음을 믿으며, 또한 그분이 죽으셨을 때 나를 포함해 그분의 모든 백성들도 그분과 함께 죽었음을 믿는 것을 의미한다.

먼저, 크리스천이 되기 위해서는 스스로 물어봐야 한다. 나는 그리스도가 나를 위해 죽으셨음과 내가 그 안에서 죽었다는 것을 확실히 믿는가? 그분의 사랑의 능력 안에서 그분의 영광을 드러내기 위해 기꺼이 죽을 준비가 되어 있는가? 둘째, 크리스천이 된다는 것은 이런 질문들에 대해 진심으로 "예"라고 대답하는 것인데 그럴 수 있는가?

그리스도의 사랑이 우리로 하여금 "예"라고 대답하도록 강권한다. 우리는 그리스도의 죽음으로부터 풍성한 사랑이 넘쳐나는 것을 느끼며, 그분의 죽음 안에서 우리의 죽음 — 그리스도가 아닌 다른 것들에 대한 충성을 포기함 — 도 발견하게 된다. 우리는 그리스도의 사랑에 완전히 압도되어(감금되어) 있으므로, 세상의 모습은 죽어가는 사람에게 비춰지는 모습처럼 점점 희미해진다. 그 후에는 위대하고 광대한 사랑의 들판이 펼쳐진다.

크리스천은 그리스도의 사랑에 붙잡혀 살아가는 사람이다. 기독교는 단순히 그리스도의 사랑에 대한 개념들을 모아놓은 사상의 묶음을 믿는 것이 아니다. 기독교 신앙은 과거, 현재, 미래의 모든 시간 동안 그 사랑에 완전히 사로잡혀 있음을 경험하는 것이다.

하지만 그러한 붙잡힘은 그리스도의 죽음에 대한 '결단'으로부터 오게 된다. "그가 죽을 때에 나도 죽었다." 이는 실로 의미심장한 결단이다. "아담의 죄는 법적으로 그리고 실질적으로 모든 인류의 죄였다. 따라서 그리스도의 죽음도 법적으로 그리고 실질적으로 그분의 백성들의 죽음이다." 우리는 이미 죄에 대해 죽음을 당했으므로, 더 이상 죄의 선고를 두려워할 필요가 없다(롬 8:1-3).

바로 이것이 우리를 향한 그리스도의 사랑을 이루는 본질이다. 그분은 죽음을 당하지 않을 수도 있었으나 기꺼이 죽음을 당하셨고 우리 앞에 밝은 미래를 열어놓으셨다.

그러므로 우리가 그분의 죽음에 대해 내리는 '결단'은 그분의 사랑에 '붙잡혀 있음'으로 생겨난 결과다. 찰스 하지는 이 사실을 이렇게 표현했다.

> 크리스천은 예수님이 그리스도요, 살아 계신 하나님의 아들이며, 육신의 모양으로 나타난 하나님으로서 우리를 구원하기 위해 죽기까지 우리를 사랑하신 분임을 확고하게 받아들인다. 또한 그분은 성육신 하신 하나님의 사랑에 완전히 압도되어 그리스도의 뜻과 그분의 계명에 철저히 순종하고자 결심하며, 그리스도에게 영광 돌리는 것을 삶의 최종 목표로 삼게 된다.

우리를 위해 죽으신 분 안에서 함께 죽으며 그분의 생명으로 말미암아 살아나는 자가 되어야 마땅하지 않은가! 크리스천이 된다는 것은 그리스도의 사랑에 완전히 붙잡히는 것이다.

신령한 공동체로 살아가기

반드시 하나님의 사람으로 살아야 하는 이유

크리스천의 삶은 초자연적이다. 그렇지 않으면 존재 자체가 불가능하다. 교회는 '산 돌같이 신령한 집으로' (벧전 2:5) 세워진다. '신령한', 즉 '초자연적'이란 말은 '자연적'이라는 말의 반대말이다. 그 말은 그리스도의 초자연적인 성령에 의해 존재하며 인도함을 받고 힘을 얻는다는 의미다.

바울은 '육에 속한 사람'과 '신령한 사람'을 구분했다(고전 2:14-15). 그는 육에 속한 사람처럼 행동하는 사람을 '단순한 사람'이라고 불렀다(고전 3:4). 크리스천은 단순한 사람이 아니다. 그들은 '신령한 사람들'이다. 하나님께서 그들 안에 거하신다(고전 6:19). 그들은 하나님으로부터 흘러나오는 새롭고 신령한 생명을 받았다. 그들은 자기 것이 아닌 외적인 능력으로 말미암아 살아간다.

이와 같은 경험 없이 교회를 이룰 수 있는 방법은 없다. 우리는 사랑을 베풀기 위해 우리 자신을 거부하고, 악을 버리고 선으로 돌아오라는 부르심을 받았다. 또한 일흔 번에 일곱 번이라도 용서하고, 서로서로 참아주라는 부르심도 받았다. 이러한 모든 일들을 기쁨으로 평생토록 지켜나가라는 부르심은 육에 속한 사람들이 따르기에는 도저히 불가능한 것이다. 그 부르심에 순종할 수 있는 사람들은 오로지 신령한 사람들뿐이다.

교회를 이루려면 우리는 하나님 안에서 살아가야 한다. "나는 포도나무요 너희는 가지니 저가 내 안에, 내가 저 안에 있으면 이 사람은 과실을 많이 맺나니 나를 떠나서는 너희가 아무것도 할 수 없음이라"(요 15:5).

우리를 그리스도의 교회라고 규정해주는 사랑을 지속적으로 유지하려면 초자연적이고 신령한 능력이 필요하다. 따라서 바울은 "그 영광의 힘을 좇아 모든 능력으로 능하게 하시며 기쁨으로 모든 견딤과 오래 참음에 이르게"(골 1:11) 해달라고 기도했다. 하나님께 영광을 돌리기 위해 죽기까지 사랑 안에서 기뻐하며 인내하는 것은 하나님의 능력을 힘입을 때에만 가능하다.

크리스천은 하나님 안에서 살아가는 길을 찾아야 한다. 온전한 교회를 이루기 위해 날마다 신령한 능력을 경험해야 한다. 이런 과정에 있어서 결정적인 단계는 하나님의 능력에 완전히 붙잡히는 것이다. 따라서 우리는 크리스천들의 삶의 신령한 본질을 강조하는 성경 구절들을 깊이 묵상해야 한다. 아래에 제시된 구절들을 깊이 생각해보라.

경건하게 살고자 헌신한 자는 핍박과 고통을 당하게 된다. "무릇 그리스도 예수 안에서 경건하게 살고자 하는 자는 핍박을 받으리라"(딤후 3:12). "이 믿음에 거하라 … 또 우리가 하나님나라에 들어가려면 많은 환난을 겪어야 할 것이라"(행 14:22). 이러한 고통은 어떻게 견뎌야 하는가?

바울은 이렇게 대답했다. "그러므로 네가 우리 주의 증거와 또는 주를 위하여 갇힌 자 된 나를 부끄러워 말고 오직 하나님의 능력을 좇아 복음과 함께 고난을 받으라"(딤후 1:8). 우리의 힘이 아니라 하나님의 능력을 좇을 때 고난을 견딜 수 있다. 그러므로 크리스천의 삶은 초자연적이다.

크리스천의 삶은 핍박과 고통을 동반할 뿐 아니라, 그리스도를 위해 기쁜 마음으로 행하는 의미 있는 수고를 병행하기도 한다. "그러므로 내 사랑하는 형제들아 견고하며 흔들리지 말며 항상 주의 일에 더욱 힘쓰는 자들이 되라"(고전 15:58). 이처럼 주를 위하여 힘을 다하여 일할 때에 지쳐 쓰러지지 않고 인내할 수 있는 힘은 어디에서 얻을 수 있는가?

또다시 바울이 대답한다. "이를 위하여 나도 내 속에서 능력으로 역사하시는 이의 역사를 따라 힘을 다하여 수고하노라"(골 1:29). 우리는 힘을 다하여 수고하지만, 그 일에 소모되는 힘은, 우리가 하나님의 영광을 구하고 그분을 의지할 때, 하나님으로부터 주어진다. 그것은 신령한 수고다. 바울이 크리스천의 신령한 수고에 대해 관심을 나타낸 본문은 무수히 많다.

"내게 능력 주시는 자 안에서 내가 모든 것을 할 수 있느니라"(빌 4:13).

"그러므로 나의 사랑하는 자들아 너희가 나 있을 때뿐 아니라 더욱 지금 나 없을 때에도 항상 복종하여 두렵고 떨림으로 너희 구원을 이루라 너희 안에서 행하시는 이는 하나님이시니 자기의 기쁘신 뜻을 위하여 너희로 소원을 두고 행하게 하시나니"(빌 2:12-13).

"내게 이르시기를 내 은혜가 네게 족하도다 이는 내 능력이 약한 데서 온전하여짐이라 하신지라 이러므로 도리어 크게 기뻐함으로 나의 여러 약한 것들에 대하여 자랑하리니 이는 그리스도의 능력으로 내게 머물게 하려 함이라"(고후 12:9).

"그러나 나의 나 된 것은 하나님의 은혜로 된 것이니 내게 주신 그의 은혜가 헛되지 아니하여 내가 모든 사도보다 더 많이 수고하였으나 내가 아니요 오직 나와 함께하신 하나님의 은혜로라"(고전 15:10).

"그리스도께서 이방인들을 순종케 하기 위하여 나로 말미암아 말과 일이며 표적과 기사의 능력이며 성령의 능력으로 역사하신 것 외에는 내가 감히 말하지 아니하노라"(롬 15:18).

정상적인 크리스천의 삶이 초자연적이라는 사실을 확신하고 있다면, 진정한 크리스천으로 살아가기를 원하는 자는 "장차 올 이 모든 일을 능히 피하기"(눅 21:36) 위해 기도하라는 예수님의 명령에 복종하며 무릎을 꿇을 수밖에 없다.

자기 연민 그리고 섬김

슬픔의 사람을 본받아

희생적으로 다른 사람을 섬기고도 칭찬을 받지 못했을 때 드는 서운한 감정이 자기 연민이다. 자기 연민을 없애는 데에는 두 가지 방법이 있다. 하나는 반드시 칭찬을 받는 것이다. 다른 하나는 더 이상 희생적으로 섬기지 않는 것이다. 이 두 가지 방법을 모두 받아들이기 힘들다면 세번째 방법이 있을까? 희생을 새로운 시각으로 바라보는 것은 어떤가?

목회자의 사역을 예로 들어보자. 희생적으로 사역했는가? 그로 인한 고통이 있는가? 그것은 때와 형편에 달려 있다. 적어도 한동안 자기 연민을 잊을 수 있게 만들어주었던 내 경험담을 하나 들려주겠다.

어빙 헤더링턴은 1809년 7월 23일 스코틀랜드에서 태어났다. 그는 1835년에 목사가 되었고, 스코틀랜드를 떠나 호주에 가서 선교 사역을 감당하라는 소명을 받았다. 그는 약혼녀가 자신과 함께 선교하러 떠날 수 있는지 궁금했다. 약혼녀의 이름은 제시 캐르였다.

제시는 "당신이 데려가는 곳이라면 어디든지 가고 싶어요"라고 말했다. 그들은 1837년 3월 24일 결혼식을 올리자마자 존 베리 호를 타고 시드니로 출발했다.

5월 첫 주에 제시는 인후염에 걸려 엄청난 고열에 시달렸다.

"제시, 죽는 것이 두렵지 않소?" 어빙이 물었다.

"전혀 두렵지 않아요."

"아니, 어떻게 죽음을 두려워하지 않을 수 있소?"

"저는 오랫동안 그리스도를 제 삶의 일부로 여겼고 저의 모든 소망을 그분에게 두었어요."

어빙은 울었다. 제시는 그날밤 죽었고, 날이 밝자 어빙은 그녀를 바다에 수장했다.

시드니에 홀로 도착한 어빙은 길이 80km, 폭 50km 정도 되는 지역을 할당받았다. 그는 몇 명 되지 않는 교인들을 방문하기 위해 날씨가 어떠하든 말을 타고 다녔다. 가뭄이 들어 말이 쇠약해지자 그는 걸어다녔다. 그는 길 위에서 성경을 연구하며 설교를 준비했다. 그의 전기는 다음과 같은 이야기를 전해준다.

어느 토요일 저녁에 그는 50km를 걸어가야 했다. 언덕을 오른 후, 언덕 꼭대기에 있는 통나무에 앉아 휴식을 취하던 중에, 스코틀랜드에서 사역할 때 주일에 두 번 예배를 드리고 나서 그렇게 피곤하지도 않았는데 일할 마음이 나지 않아 불평했던 생각이 났다. 당시 상황이 너무나 어이 없어서 그는 도저히 웃음을 참을 수가 없었다. 날이 저문 시간에 그가 수풀 속에서 혼자 크게 웃는 소리는 정말 이상하게 들렸다.

이 놀라운 이야기를 읽고 나는 성경이 요구하는 선교적인 과점을 가지고 목회를 해야겠다는 도전을 받았다. 우리는 편안한 생활을 당연하게 받아들일 때가 얼마나 많은가? 또한 평온하고 별 어려움 없이 목회하는 날이 어서 오기를 바랄 때가 얼마나 많은가?

하지만 선교사들의 상황은 이와 정반대다. 삶이 곧 전쟁이다. 살아가는 것 자체가 스트레스다. 언어를 배우느라 스트레스가 쌓이고, 문화 때문에 스트레스를 받는다. 음식이 스트레스이고, 아이들의 교육 문제가 스트레스다. 인간 관계 역시 스트레스다. 하지만 그리스도가 성육신하고 십자가에 못박히신 것처럼 기꺼이 선교 현지 속에 뛰어들어 고난을 받는다.

하지만 이곳은 미국이다. 모든 사람이 영어를 사용하고 피자를 먹는다. 나는 넘쳐나는 회의 때문에 복통을 느끼고, 시도 때도 없이 병원으로 심방을 가야 하며, 해야 할 일이 무궁무진하다.

그때에 어빙 헤더링턴에 대한 책을 읽고 '정상적인' 선교사들의 삶에 대해 생각해보았다. 그리고 '헌신'을 다른 각도에서 보기 시작했다. 예수님께서 "보소서 우리가 모든 것을 버리고 주를 좇았나이다"(막 10:28)라고 말한 베드로를 책망하신 사실이 떠올랐다. 예수님께서는 이렇게 말씀하셨다. "내가 진실로 너희에게 이르노니 나와 및 복음을 위하여 집이나 형제나 자매나 어미나 아비나 자식이나 전토를 버린 자는 금세에 있어 집과 형제와 자매와 모친과 자식과 전토를 백 배나 받되 핍박을 겸하여 받고 내세에 영생을 받지 못할 자가 없느니라"(막 10:29-30).

예수님의 말씀과 어빙 헤더링턴의 모범을 접하기 전까지 내 안의 자기 연민은 극에 달해 있었다. 이제 그 자리는 무엇으로 채워졌을까? 그리스도의 마음을 본받으려는 열정만이 그 자리에 남아 있다. "인자가 온 것은 섬김을 받으려 함이 아니라 도리어 섬기려 하고 자기 목숨을 많은 사람의 대속물로 주려 함이니라 … 주는 것이 받는 것보다 복이 있다"(마 20:28, 행 20:35).

하나님 안에서 늙어가려는 결심

시편 71편 묵상

나는 원망을 일삼는 성질 고약한 노인이 되고 싶지 않다. 하나님께서는 원망하는 자들에게 혹독한 벌을 내리겠다고 경고하셨다(시 106:25-26). 불평을 일삼는 태도는 모든 것이 합력하여 선을 이루겠다고 약속하신(롬 8:28) 하나님을 모독하는 것이다. 원망은 하나님의 자녀인 우리의 빛을 가린다(빌 2:14-15). 남을 욕하고 염려하는 마음은 기쁨과 평안을 고갈시킨다(빌 4:6-7). 나는 절대 그런 식으로 늙고 싶지 않다.

나는 시편 71편에 나오는 사람처럼 늙고 싶다. 기도 내용을 보면 그가 노인이라는 것을 알 수 있다. "하나님이여 내가 늙어 백수가 될 때에도 나를 버리지 마시며"(18절), "나를 늙은 때에 버리지 마시며 내 힘이 쇠약한 때에 떠나지 마소서"(9절).

이 사람이 어떻게 늙어갔는지 그 과정을 살펴보자. 그 과정은 곧 나의 결심이 형성되는 과정이기도 하다.

● 나는 어릴 적부터 하나님께 의지했던 무수한 순간들을 기

억하며 끝없는 놀라움과 감사를 노래할 것이다.

주 여호와여 주는 나의 소망이시요 나의 어릴 때부터 의지시라(5절).

하나님이여 나를 어려서부터 교훈하셨으므로 내가 지금까지 주의 기사를 전하였나이다(17절).

● 나는 곤경이 다가올 때 화를 내기보다는 하나님께 가서 피할 것이다.

여호와여 내가 주께 피하오니 나로 영영히 수치를 당케 마소서(1절).

● 나는 입으로 불평할 여유가 없을 때까지 하나님의 위대하심을 더욱더 찬송할 것이다.

나는 항상 주를 찬송하리이다(6절).

나는 … 주를 더욱 더욱 찬송하리이다(14절).

● 나는 (끈기 있게) 소망을 품고 절망에 굴복하지 않을 것이다. 요양원에서 지내거나 친구들보다 오래 살아 혼자 남는다 하더라도 소망을 버리지 않을 것이다.

나는 항상 소망을 품고(14절).

● 나는 만나는 사람마다 하나님의 놀라우신 구원의 역사를

전할 것이다. 그 일을 절대로 멈추지 않을 것이다. 왜냐하면 하나님의 은혜가 너무나 크고 무한하기 때문이다.

내가 측량할 수 없는 주의 의와 구원을 내 입으로 종일 전하리이다(15절).

● 나는 젊은이들에게 하나님의 능력에 대해 말할 것이다. 하나님은 강하시다. 젊을 때나 늙을 때나 항상 의지할 수 있는 분임을 가르쳐줄 것이다.

내가 주의 힘을 후대에 전하고 주의 능을 장래 모든 사람에게 전하기까지 나를 버리지 마소서(18절).

● 하나님께서 나의 생각을 뛰어넘어 행하신 위대한 일들을 기억할 것이다. 그리고 얼마 있지 않아 그 일을 더욱 잘 알게 될 것이다.

하나님이여 주의 의가 또한 지극히 높으시니이다(19절).

● 나는 모든 고난과 괴로움들을 하나님의 선물로 여기며 영광에 이르는 길로 여길 것이다.

우리에게 많고 심한 고난을 보이신 주께서 우리를 다시 살리시며 땅 깊은 곳에서 다시 이끌어 올리시리이다(20절).

● 나는 노인들의 상투적인 사고방식을 거부하고, 하나님을

즐거워하고 찬양하며 기쁨으로 외칠 것이다.

    내가 또 비파로 주를 찬양하며 주의 성실을 찬양하리이다 이스라엘의 거룩하신 주여 내가 수금으로 주를 찬양하리이다(22절).

    내가 주를 찬양할 때에 내 입술이 기뻐 외치며 주께서 구속하신 내 영혼이 즐거워하리이다(23절).

나와 함께 이런 결심을 굳게 하며 노인들에게 주신 하나님의 고귀한 약속 위에 소망을 두는 일에 당신을 초대한다. "너희가 노년에 이르기까지 내가 그리하겠고 백발이 되기까지 내가 너희를 품을 것이라 내가 지었은즉 안을 것이요 품을 것이요 구하여 내리라"(사 46:4).

죄를 소멸시키는 실제적인 방법

금욕에 대하여

진실로 예수님을 따르는 자들도 이땅에 있는 한, 그들 속에 죄가 남아 있다는 사실은 위안과 동시에 상심을 가져다준다. 위대한 사도 바울도 이렇게 말했다. "내가 이미 얻었다 함도 아니요 온전히 이루었다 함도 아니라 오직 내가 그리스도 예수께 잡힌 바 된 그것을 잡으려고 좇아가노라"(빌 3:12).

그는 다른 본문에서 이런 말도 했다. "내 지체 속에서 한 다른 법이 내 마음의 법과 싸워 내 지체 속에 있는 죄의 법 아래로 나를 사로잡아 오는 것을 보는도다"(롬 7:23). 예수님께서는 우리에게 매일 '우리 죄를 사하여주옵시고'(마 6:12)라는 기도를 하라고 가르쳐주셨다.

위의 구절들은 죄에 대해 안일한 태도를 취하라는 뜻을 담고 있지 않다. 오히려 매일 죄와 싸워야 한다는 것을 말하고 있다. 성경은 우리 속에 남아 있는 죄악을 끊임없이 없애라고 명한다. "너희가 육신대로 살면 반드시 죽을 것이로되 영으로써 몸의 행실을 죽이면 살리니 그러므로 땅에 있는 지체를 죽이라 곧 음란과 부정과 사욕과 악한 정욕과 탐심이니 탐심은 우상 숭배니라"
(롬 8:13, 골 3:5). 어느 누구도 이 명령을 피할 수 없다. 죄악과의 싸움은 목숨을 건 전투다. 죄가 죽든지 아니면 우리가 죽든지 둘 중 하나다. 우리가 이땅에서 완전해질 수 있다는 말이 아니라, 죄악이 날마다 공격해올 때 계속 죄악을 물리쳐야 한다는 말이다. 우리는 죄에 안주하며 살아가지 못한다. 죄와 싸워 이겨야 한다.

어떻게 죄를 물리쳐야 하는가? 아래에 죄와 더불어 싸울 때 명심해야 하는 열세 가지 방법이 제시되어 있다.

하나. 죄악에 물든 옛 사람은 이미 죽었다는 진리를 통해 용기를 얻으라(롬 6:6, 골 3:3, 갈 5:24). 우리는 믿음으로 그리스도께 연합되었으므로 그분의 죽음은 곧 우리의 죽음이 되었다(롬 6:5, 고후 5:14). 이 말은 세 가지 의미를 내포하고 있다. 첫째, 우리 '옛 사람'은 치명적인 타격을 입었다. 둘째, 옛 자아는 이제 힘을 발휘할 수 없다. 셋째, 옛 사람의 최종적인 소멸은 분명한 사실이다.

둘. 옛 사람은 죽었다는 것을 의식적으로 기억하라. 즉 그리스도 안에서 옛 사람은 죽었다는 성경의 진리를 믿고 그리스도 안에서 살아나기를 간구하라(롬 6:11). 있는 그대로의 모습을 통해 변화된 삶의 증거를 나타내라. 우리가 변화되는 과정을 잘 보여주는 명확한 예증이 고린도전서 5장 7절에 기록되어 있다. "너희는 누룩 없는 자인데 새 덩어리가 되기 위하여 묵은 누룩을 내어버리라 우리의 유월절 양 곧 그리스도께서 희생이 되셨느니라."

조금 이상하게 들리긴 하지만, 원래 구원이란 것은 이상하고 놀라운 기적이다. 묵은 누룩을 내버려라. 이미 그것은 깨끗해졌기 때문이다. 이런 사실을 가지고 논리 게임을 즐기기 위해 "이미 죄가 깨끗해졌기 때문에 죄와 싸울 필요는 없다"고 말한다면, 그것은 아직 당신이 깨끗함을 받은 사람들 가운데 속하지 않았음을 스스로 나타내는 것밖에 되지 않는다.

셋. 죄에 대한 적의를 기르라. 당신은 친구를 죽이는 것이 아니라(롬 8:13) 대적을 죽이는 것이다. 죄가 당신의 절친한 친구를 죽였으며, 하나님 아버지의 이름을 더럽히고, 당신을 영원토록 파괴시키려는 목적을 세워놓고 있다는 것을 명심하라. 죄에 대한 증오심을 크게 품으라.

넷. 죄의 반격에 대항하라. 죄의 책략과 속임수에 넘어가지 않도록 주의하라. "그러므로 너희는 죄로 너희 죽을 몸에 왕 노릇하지 못하게 하여 몸의 사욕을 순종치 말고"(롬 6:12). 죄악으로 이끄는 유혹은, 기껏해야 절반만 진리이고 나머지 절반은 거짓이다. 바울은 죄의 열매를 '유혹의 욕심'(엡 4:22)이라 불렀다.

다섯. 죄의 반대편, 곧 하나님께 철저히 충성하고 있음을 선포하고 당신의 마음과 뜻과 육신을 하나님께서 의와 순결함을 위해 사용하실 수 있도록 내어드리라. "오직 너희 자신을 죽은 자 가운데서 다시 산 자같이 하나님께 드리며 너희 지체를 의의 병기로 하나님께 드리라"(롬 6:13).

여섯. 죄가 출입하는 문을 열어놓지 말라. "오직 주 예수 그리스도로 옷 입고 정욕을 위하여 육신의 일을 도모하지 말라"(롬 13:14). 성인용품점에서 자신의 순결을 시험하려 하지 말고, 소비를 부추기는 쇼핑 센터에 가서 검소함을 증명하려 하지 말라.

일곱. 이 세대의 생각을 정확히 파악하고 거기에 동화되지 않기 위해 의도적으로 저항하라(롬 12:2). D. L.무디의 말처럼, "배는 바다에 속해 있다. 하지만 물이 배 속으로 들어오면, 배는 가라앉고 만다."

여덟. 하나님 중심적인 자세로 마음을 항상 새롭게 하려는 습관을 가져라(롬 12:2, 고후 4:16). 매일 '영의 일'(롬 8:5)과 '위엣것'(골 3:2)에 관심을 집중시켜라. "무엇에든지 참되며 무엇에든지 경건하며 무엇에든지 옳으며 무엇에든지 정결하며 무엇에든지 사랑할 만하며 무엇에든지 칭찬할 만한"(빌 4:8) 것에 마음을 두라.

아홉. 실수를 인정하고 매일 죄를 자백하라(요일 1:9). 하나님께 용서를 구하라(마 6:12).

열. 매사에 성령의 도우심과 능력을 구하라. "영으로써 몸의 행실을 죽이면 살리니"(롬 8:13). 우리 속에 있는 모든 선한 것은 '성령의 열매'(갈 5:22)다. 성령은 마땅히 우리가 행할 길로 가도록 인도한다(겔 36:27, 사 26:12).

열하나. 죄의 유혹을 깨닫도록 도와주는 크고 작은 모임에 들어가라(히 3:13). 믿음의 인내는 신앙 공동체가 함께 이루어야 할 일이다. 공동체 안에서 서로 격려와 경고하기를 게을리한다면, 그 공동체를 통해 하나님나라를 이루리라는 보장은 없다.

열둘. 권투 선수가 상대방과 싸우듯이, 마라톤 선수가 피곤함과 싸우듯이 죄악의 충동에 대항해 온 힘을 다해 싸우라(고전 9:27, 딤후 4:8).

열셋. '율법의 역사'를 경계하고 죄와의 전쟁이 '믿음의 역사'가 되게 하라(살후 1:11). 다시 말하면, 죄에 대항하는 모든 싸움은 하나님께서 그리스도 안에서 주신 놀라운 기쁨 안에서 누리는 확신으로부터 비롯되어야 한다.

온전한 사랑의 실천

초기 크리스천들이 사랑을 베푼 방법

주후 133년경에 철학 교사였던 아리스테이데스는 하드리안 황제에게 기독교를 위한 변증서를 제출했다. 그 글에서 우리는 초기 크리스천들의 모습과 초대 교회가 그 시기에 들불처럼 삽시간에 퍼져나가는 식으로 성장한 이유를 어렴풋이 발견하게 된다. 그들은 "너희 빛을 사람 앞에 비춰게 하여 저희로 너희 착한 행실을 보고 하늘에 계신 너희 아버지께 영광을 돌리게 하라"(마 5:16)는 예수님의 말씀을 제대로 이행했다. 오 주여, 우리로 하여금 초창기 크리스천들의 마음을 허락하옵소서.

> 그리스도가 죽음을 당하고 장사되셨습니다. 그분을 따르던 자들은 그분이 사흘 후에 살아나서 하늘로 올라갔다고 말합니다. 열두 사도들은 세계 곳곳으로 흩어져, 겸손하고 진지한 태도로 그리스도의 위대함을 전파했습니다. 그들은 정직하게 그분의 가르침을 따랐으므로 크리스천이라고 불리게 되었습니다 …
> 왕이시여, 지금 크리스천들은 그들 마음에 새겨진 주 예수 그리스도

의 명령을 준행하면서, 죽은 자의 부활과 다가오는 세상에서의 영원한 생명을 갈망하고 있습니다. 그들은 간통이나 간음을 범하지 않으며, 일체 거짓 증언도 하지 않습니다. 그들은 재물을 모으는 것을 부정하지 않으며, 다른 사람의 재산을 탐내지도 않습니다. 그들은 부모를 공경하며, 이웃을 사랑합니다. 그들은 공정한 입장에서 판단합니다. 그들은 인간의 형태를 하고 있는 우상을 섬기지 않습니다.

그들은 자기들이 하지 않을 일을 다른 사람들에게 강요하지 않습니다. 그들은 자기들에게 해를 끼치려 하는 자들을 위로하고, 그들의 친구가 되어줍니다. 그들은 원수 된 자들의 유익을 위해 힘씁니다. 그들은 온유하며 너그럽습니다. … 그들은 종이나 하녀 또는 그들의 자녀들에게 사랑을 베풀어줌으로써 그들이 크리스천이 되도록 설득합니다. 종이나 하녀가 신앙을 받아들이고 크리스천이 되면, 그들은 아무런 차별 없이 종이었던 자를 '형제'라고 부릅니다.

그들은 과부를 멸시하지 않으며, 고아의 마음을 아프게 하지 않습니다. 그들은 나그네를 보면, 그를 자기 집으로 데리고 가서 마치 친형제라도 되는 것처럼 대접합니다. 왜냐하면 그들은 하나님 안에서 육신의 일이 아닌 영적인 일을 추구하는 자신들을 형제라고 부르기 때문입니다 …

그들은 신앙의 형제 가운데서 누군가가 감옥에 갇히거나 구세주의 이름을 위하여 핍박받고 있다는 소식을 들으면, 어려움에 처한 사람의 필요를 채워주고, 그가 옥에서 풀려날 수 있도록 모든 힘을 기울입니다.

그들 가운데 가난하거나 형편이 어려운 사람이 있다면, 그들은 이틀이나 사흘 동안 금식해서 아낀 양식을 자기보다 더 가난한 자들에게 베풀어줍니다. 그들은 그리스도를 위하여 언제라도 자신의 생명을 내어놓을 준비가 되어 있습니다.

초대 교회 성도들은 "보라! 그들은 서로 사랑하고 있다"라는 말로 널리 알려졌다. 크리스천은 무엇으로 유명해져야 하는가? 그리스도를 위하여 기꺼이 죽을 마음이 있으며, 그리스도를 위해 살고자 하는 마음을 가지고 그분의 백성들과 원수들에게 사랑을 베푸는 자들로 알려져야 할 것이다. 초창기 크리스천들은 금식까지 하면서 자신보다 더 가난한 자들을 도와주었다. 그 말은 곧 그들이 세상의 재물을 쌓아두지 않았다는 의미이다.

오 주여, 우리를 도우사 그리스도를 바라보며, 그리스도로 만족하고, 초대 교회 성도들과 같은 모습으로 그리스도를 드러내게 하옵소서.

영적 전쟁터에서 들려오는 함성

제2차 로잔회의를 돌아보며

내 인생에서 가장 놀라웠던 순간 가운데 하나는 1989년 마닐라에서 개최된 세계 복음화를 위한 제2차 로잔 회의에 참석한 때였다. 그 회의에 참석하고 난 후, 모든 민족들의 기쁨을 위해 만물 가운데 하나님의 주권에 대한 열정을 널리 퍼뜨리기 위해 더욱 열심을 내야겠다는 생각을 하게 되었다.

회의 기간 동안 매일 내게 능력 있게 다가오는 폭발적인 주장들을 몇 가지 메모해두었다. 주의를 기울여 읽어보라.

예수 그리스도가 '내 것'이라고 말씀하지 않으실 인생의 영역은 단 1인치도 없다. ─ 아브라함 카이퍼의 말을 인용한 오스 기네스

모든 교회는 교인들 가운데 가장 뛰어난 자들을 파송함으로써 얻게 되는 격려와 힘 없이는 지탱할 수 없다. ─ 데이비드 펜맨

미국에서 가장 중요한 사실은 사람들이 자유를 지니고 있다는 것이

다. 억압적인 국가에서 가장 중요한 사실은 사람들이 자유로이 무엇을 할 수 있는가 하는 것이다. — 조지 오티스

예수님께서는 우리가 행한 일은 물론이고, 할 수 있었는데 하지 않은 일에 대해서도 심판하실 것이다. — 조지 오티스

하나님으로부터 위대한 일을 기대하라. 하나님을 위해 위대한 일을 시도하라. — 윌리엄 캐리

우리는 좋은 소식을 전하면서 동시에 해를 끼치는 나쁜 소식이 될 수는 없다. — 테크미토 아데게모

그곳에 가지 않는 한 먼 곳은 먼 곳으로 남는다. — 조지 오티스

이슬람 국가에서 순교자도 없이 번성하려 했던 것이 우리의 실수인가? 은밀하게 유지되는 교회가 힘 있게 자라날 수 있는가? 이제 막 형성된 교회에 순교자 모델이 필요한가? — 조지 오티스

십자가는 하나님을 경외하며 행복하게 살아가는 인생의 끔찍한 최후가 아니다. 하지만 그리스도와 교통하기 시작하는 순간, 우리는 십자가와 마주치게 된다. 한 사람을 부르실 때, 그리스도는 자기를 따라 죽으라고 명하신다. — 디트리히 본회퍼

내가 내 친구 너희에게 말하노니 몸을 죽이고 그후에는 능히 더 못하는 자들을 두려워하지 말라. — 예수, 누가복음 12장 4절

당장의 것을 포기함으로써 궁극적인 것을 얻는 그 사람은 결코 바보가 아니다. — 짐 엘리엇

이는 내게 사는 것이 그리스도니 죽는 것도 유익함이니라. — 사도 바울, 빌립보서 1장 21절

나를 위해 행하시는 하나님의 역사가 완성될 때까지 나는 죽지 않을 것이다. 주께서 통치하시므로. — 헨리 마틴

심지어 부모와 형제와 친척과 벗이 너희를 넘겨주어 너희 중에 몇을 죽이게 하겠고 또 너희가 내 이름을 인하여 모든 사람에게 미움을 받을 것이나 너희 머리털 하나도 상치 아니하리라. — 예수, 누가복음 21장 16-18절

주여, 두려움과 탐욕에서 나를 자유케 하소서. 그리하여 예수님을 닮게 하소서. — 존 파이퍼, 오늘의 기도

행복과 사랑 사이

기쁨과 지도자에 대하여

사랑받는 일은 실로 깊은 기쁨을 가져다준다. 그 감정은 피상적인 활력이나 무상한 '도취'가 아니다. 그것은 하나님께서 만드신 마음에 뿌리내리고 있으며 에베소서 2장 7절의 진리에 바탕을 두고 있다. 이 구절은 하나님께서 우리를 구원하신 목적을 분명하게 일러준다. "이는 그리스도 예수 안에서 우리에게 자비하심으로써 그 은혜의 지극히 풍성함을 오는 여러 세대에 나타내려 하심이니라."

잠시 멈추고 좀더 자세히 생각해보자. 그것은 너무나 놀라운 말씀이다.

첫째, 하나님께서는 우리에게 풍성한 은혜를 아낌없이 베풀어주신다. 그분은 우리에게 자비하심으로 그 은혜의 지극히 풍성함을 오는 여러 세대에 나타내려는 계획을 세워두셨다.

둘째, 이러한 은혜와 자비하심의 양은 '풍성함'이라는 단어로 나타나 있고, 그 풍성함의 정도는 도저히 측정할 수 없어 '지극히'라는 표현으로 제시되었다.

셋째, 그러나 '그 은혜의 지극히 풍성함'은 은행에서 꺼내 쓸 수 있는 신탁 계정과 같은 것이 아니다. 그것은 하나님께서 우리에게 '보여주시거나' '나타내려' 하시는 것이다. 풍성하신 은혜가 모조리 인출되어 우리에게 제공되었다.

넷째, 하나님께서 우리에게 베푸시는 자비하심의 범위와 다양성은 너무나 광대해서 한 세대로서는 도저히 감당하지 못하고 '오는 여러 세대'를 통해 완전히 드러난다.

이 말은 그분의 자비하심이 결코 소모되지 않을 것이라는 뜻이다. 하나님께서는 사랑을 받음으로써 느끼는 심오한 즐거움을 우리에게 드러내시기 위해 언제나 새로운 방법을 사용하신다. 그 방법은 결코 고갈되지 않는다. 그 은혜의 풍성함은 도저히 헤아릴 수 없다. 그분이 우리에게 자비하심을 전부 보여주시려면 영원한 시간이 필요할 것이다. 그렇기 때문에 그분은 하나님이시다. 하나님 속에는 우리가 더 알아가고, 더 놀라며, 더 즐거워할 요소들이 항상 자리잡고 있다.

이 사실을 생각하면 나는 무척 행복해진다. 나뿐만 아니라 모든 교회 지도자들이 각자의 사역을 하면서 기쁨을 누리는 일은 매우 중요하다. 성경 말씀대로 우리는 "기쁨으로 여호와를 섬기며 노래하면서 그 앞에 나아가야"(시 100:2) 한다.

우리가 목회 사역을 행할 때 하나님의 사랑 안에서 행복함을 누리는 것은 왜 그렇게 중요한가? 왜냐하면 교회가 그 지도자들의 행복을 통해 사랑을 경험한다고 성경이 말하고 있기 때문이다. "너희를 인도하는 자들에게 순종하고 복종하라 저희는 너희 영혼을 위하여 경성하기를 자기가 회계할 자인 것같이 하느니라 저희로 하여금 즐거움으로 이것을 하게 하고 근심으로 하게 말라 그렇지 않으면 너희에게 유익이 없느니라"(히 13:17).

교회 지도자들이 사역하는 가운데 기쁨을 느끼지 못하는 것은 교회에 전혀 이득이 되지 않는다. 또한 지도자가 교회에 아무런 유익을 끼치지 못하는 것은 그리 보기 좋은 일이 아니다. 목회자들이 사역 때문에 중압감을 느끼는 상태에서 일을 한다면, 그런 태도는 교회에 결코 좋은 영향을 끼치지 못할 것이다.

그러므로 목회자들이 비관적인 모습으로 목회에 임하는 것은 옳지 못하다. 왜냐하면 그런 태도가 교회에 유익을 끼치지 못하기 때문이다. 교회는 지도자가 즐거움을 느끼며 사역에 임할 때 최대한의 영적 유익을 얻게 된다.

'하나님이 자기 피로 사신'(행 20:28) 그리스도의 교회를 사랑한다면, 교회를 이끌어나가는 지도자들의 행복을 위하여 기도하라. 하나님으로부터 사랑을 받는 것이야말로 지속적인 행복을 누리는 방법임을 깨달았다면, 교회 지도자들이 에베소서 2장 7절에서 말하는 것과 같은 은혜의 풍성함에 완전히 압도되기를 소원하며 기도하라. "이는 그리스도 예수 안에서 우리에게 자비하심으로써 그 은혜의 지극히 풍성함을 오는 여러 세대에 나타내려 하심이니라."

그리하면 그들이 사랑받음으로써 행복을 느끼고, 당신은 그들의 행복 속에서 사랑을 받는 일이 현실로 나타날 것이다. 이러한 모든 일들은 하나님으로부터 말미암는다. 하나님의 기쁨은 그분을 소망하는 모든 사람들에 대한 사랑 속에서 넘쳐흐른다. 시편 147편 11절은 그 사실을 정확히 언급하고 있다. "자기를 경외하는 자와 그 인자하심을 바라는 자들을 기뻐하시는도다."

자녀답게, 합당하게 행하라

오직 너희는 원수를 사랑하고 선대하며
아무것도 바라지 말고 빌리라
그리하면 너희 상이 클 것이요 또 지극히 높으신 이의 아들이 되리니
그는 은혜를 모르는 자와 악한 자에게도 인자로우시니라
너희 아버지의 자비하심같이 너희도 자비하라(눅 6:35-36).

예수님께서 말씀하신 위의 두 구절은 크리스천의 삶에 내포된 깊은 진리를 보여준다. "너희 아버지의 자비하심같이 너희도 자비하라"는 말씀은 예수님께서 제자들을 하나님의 자녀로 여기고 계셨음을 선명하게 밝혀준다. 제자들은 하나님의 자녀들이다. 따라서 그들은 자비함을 베풀어야 한다. 그들에게는 언제나 그들을 자비롭게 대해주시는 아버지가 계시기 때문이다.

그렇다면 "오직 너희는 원수를 사랑하고 … 그리하면 … 지극히 높으신 이의 아들이 되리니"라는 말은 어떻게 받아들여야 하는가? 원수를 사랑하라는 말은 하나님의 자녀가 된 결과라기보다는 조건처럼 들린다. 예수님께서는 한편으로는 "하나님께서 너희 아버지이시므로 원수를 사랑하라"고 말씀하시는 듯하고, 다른 한편으로는 "하나님을 아버지로 모시기 위하여 원수를 사랑하라"고 말씀하시는 것 같다.

요한복음 15장 8절에는 이와 비슷하게 혼동을 일으키는 말씀이 있다. "너희가 과실을 많이 맺으면 내 아버지께서 영광을 받으

실 것이요 너희가 내 제자가 되리라." 예수님께서는 자신이 포도나무이고 제자들은 가지라고 말씀하신 다음(5절), 곧바로 이 말씀을 하셨다. 심지어 그분은 앞에서 "너희는 내가 일러준 말로 이미 깨끗하였으니"(요 15:3)라는 말씀까지 하셨다. 이 구절의 요점은 우리가 열매를 맺음으로써 처음으로 제자가 된다는 것이 아니라, 우리의 신분에 알맞게 살아간다는 의미에서 제자가 '된다'는 말이다. 우리는 부르심과 믿음으로 인해 하나님의 제자에 합당한 행동과 실천을 하게 된다.

예수님께서 그런 의미에서 "오직 너희는 원수를 사랑하고 … 그리하면 … 또 지극히 높으신 이의 아들이 되리니"라고 말씀하셨으리라 생각한다. 그 말은 "너희가 이런 식으로 행동하면, 과거의 구습과 장애물들을 모두 제거했음을 증명하게 된다"는 뜻이다. 이것은 하나님께서 원하시는 모습이기도 하다. 그럼으로써 당신은 하나님으로부터 태어난 자임을 나타내게 된다.

우리는 그분의 속성을 공유한다. 따라서 우리는 그분의 자녀임을 증명한다. 부르심과 택하심에 의해 형성된 우리의 신분은 올바르게 행동할 수 있는(35절) 기초다. 즉 우리는 원수를 사랑하는 자가 되는 것이다.

그렇다면 원수를 사랑하지 않으면 어떻게 되는가? 그에 대한 답은 매우 분명하게 드러나 있다. 그런 경우 우리는 '지극히 높으신 이의 아들'임을 증명할 수 없다. 이것은 매우 심각한 문제다. 예수님께서는 원수를 사랑하라는 명령을 듣고도 행치 않는 자들은 모래 위에 집을 짓고 마지막 심판의 홍수 때에 모든 것을 잃어 버릴 수도 있다는 가능성을 염두에 두고 계셨다(눅 6:49). 예를 들어 예수님을 따르던 제자였던 유다도 돈을 위해 사랑을 배반했다.

이 말은 원수를 사랑하는 행동이 하나님을 우리의 아버지로 만든다는 뜻이 아니다. 이땅의 아버지를 닮았다는 사실은 우리를 아버지의 아들로 만들어주는 것이 아니라 우리가 아버지의 자녀임을 보여줄 뿐이다. 사랑 역시 마찬가지다. 우리가 원수를 사랑한다고 해서 하나님의 자녀가 되는 것은 아니다. 사랑은 다만 하나님으로부터 난 자들의 행동 양식일 뿐이다(요일 3:14). 하나님 아버지가 자비하심같이 우리도 자비해야 한다.

하나님의 자녀가 되자. 어떻게 되어야 할까? 하나님이 어떤 위기 가운데서도 당신을 돌봐주실 아버지임을 확신하라. "구하기 전에 너희에게 있어야 할 것을 하나님 너희 아버지께서 아시느니라"(마 6:8). 원수를 사랑하고 아버지의 자비하심과 같이 자비하라.

잘하는 것과 조금 더 잘하는 것

완전함 속에 있는 은혜의 공간

신앙 안에서 사랑을 베풀고자 하는 우리의 노력을 굳건히 할 수 있는 한 가지 방법은 선과 악의 경계 안에 있는 도덕적인 등급을 깨닫는 것이다. 다른 말로 하자면, 성경은 악이 있고 그보다 더 나쁜 악이 있음을 가르쳐준다. 성경은 또한 선이 있고 그보다 더 나은 선이 있다고 말하고 있다. 때때로 우리는 이런 시각을 잃어버린다. 그 이유는 완전함에서 조금이라도 부족한 것은 죄라고 생각하기 때문이다. "어떻게 죄를 선하다고 할 수 있는가?"라는 생각이 마음속에 있는 것이다.

어쩌면 우리는 완전함에 대한 정의를 하나님과 다르게 내리고 있을지도 모른다. 예수님께서는 "하늘에 계신 너희 아버지의 온전하심과 같이 너희도 온전하라"(마 5:48)고 말씀하셨다. 그러나 바울은 이렇게 말했다. "처녀 딸을 시집 보내는 자도 잘하거니와 시집 보내지 아니하는 자가 더 잘하는 것이니라 … 마음대로 하라 이것은 죄 짓는 것이 아니니 혼인하게 하라"(고전 7:38, 36). 우리는 '아주 잘하는' 수준에는 미치지 못하지만 '꽤' 잘하는 단계에 머

물러 있을 수도 있다. 그런 경우 '아주 잘하는' 단계에 미치지 못하는 행동은 죄인가? 그렇지 않다. 바울은 이런 경우에 더 잘하지 못하더라도 "죄 짓는 것이 아니다"라고 명쾌하게 말했다.

'아주 잘하는' 단계에 미치지 못하는 것은 완전함에 이르지 못한 것인가? '완전함'을 절대적인 의미에서 정의한다면 그럴지 모른다. 그러나 바울은 그런 식으로 생각하지 않았다. '완전함' 속에는 선함과 더욱 선함을 위한 공간이 자리잡고 있는 것처럼 보인다. 우리가 죄를 범하지 않는 여러 가지 행동 중에서도, 어떤 행동은 다른 행동에 비해 더 뛰어나게 보이는 경우가 있다. 따라서 우리는 완전함의 요소들을 과장하지 않도록 주의해야 한다. 완전함 속에도 잘한 행동이 있고, 더 잘한 행동이 있으며, 가장 뛰어난 행동이 있다.

악에 대해서도 동일한 원리가 적용된다. 악 가운데도 나쁜, 더 나쁜, 가장 나쁜 행동이 공존하고 있다. 이런 이유 때문에 예수님께서는 시대의 마지막에 대한 어떤 비유를 다음과 같이 말씀하며 마치셨다. "주인의 뜻을 알고도 예비치 아니하고 그 뜻대로 행치 아니한 종은 많이 맞을 것이요 알지 못하고 맞을 일을 행한 종은 적게 맞으리라 무릇 많이 받은 자에게는 많이 찾을 것이요 많이 맡은 자에게는 많이 달라 할 것이니라"(눅 12:47-48).

이 말씀을 다르게 표현한다면, 지옥은 불변하는 획일적인 고통을 가하는 곳이 아니라는 말이다. 악의 등급이 있고 악으로 인한 고통에도 등급이 있다.

이처럼 등급을 매기는 것은 나의 주된 관심사가 아니다. 내가 여기에서 주로 관심을 갖는 것은 완전함을 지나치게 절대화시키려는 태도에 대해 경고하는 것이다. 대부분의 크리스천들은 이 세상에서 죄가 전혀 없는 완전한 상태에 이를 수 있는 사람은 아무도 없다는 것을 인정한다(빌 3:12, 요일 1:8, 10). 그것은 사실이다. 또한 예수님께 의지하는 죄인들에게 언제나 죄의 용서가 주어진다는 사실은 위로가 된다(요일 1:9).

게다가 우리 대부분은 삶 속에 회색 지대가 넓게 자리잡고 있다는 사실을 잘 알고 있다. 우리는 그속에서 올바른 행동의 방향을 찾지 못해 헤매기도 하지만, 불확실한 상태에서도 최상의 선을 행하려는 소망을 버리지 않는다. 그런 상태는 좌절감을 주는 동시에 위로도 가져다준다.

우리는 모호함을 지니고 살아가야 하지만, 그로 인하여 모든 것을 알아야 한다는 부담에서 벗어날 수 있다.

아마 지금 말하는 내용이 잘 이해되지 않을 수도 있지만, 그것은 약간 색다르긴 해도 모순되지는 않는다. 이 세상에서 우리는 결백한 상태에 이르지 못하며, 또한 이땅에는 우리가 모호함 속에서 결정을 내릴 수밖에 없는 회색 지대도 있다. 또한 죄를 짓지 않는다 하더라도 우리의 행동은 어느 정도 잘한 단계와 더 잘한 단계, 그리고 가장 잘한 단계로 구분된다. 좀더 쉽게 말해보도록 하겠다. 이땅에는 선과 악 사이에 놓여 있는 회색 지대가 있으며, 선의 영역 속에도 환한 빛 뒤에 그림자가 있다. 그러나 선의 영역에 있는 약간 어두운 그림자가 죄는 아니다(고전 7:36).

이러한 사실을 깨달으면 우리의 마땅한 본분인 사랑을 행하는 데에 도움을 얻을 수 있다. 그 이유는 무엇인가? 두 가지 이유가 있다. 그 이유 중 하나는 자기 자신의 행동에 대한 우리의 판단과 관련된 것이고, 다른 하나는 다른 이들의 행동에 대한 우리의 판단과 관련된 것이다.

우리 자신과 관련된 측면에서, 우리는 절대적인 완전함과 절대적인 죄악 사이에서 한 가지만 선택해야 하는 고통으로부터 벗어나게 될 것이다. 완전하다고 우기거나 전적으로 악하다고 절망하지 않고 은혜를 힘입어 앞으로 나아갈 수 있는 공간이 우리에게 제공될 것이다. 우리는 교만이나 우울함으로 생기는 사랑이 결핍된 무기력함으로부터 벗어나게 된다.

다른 사람의 행동과 관련하여 우리는 다른 이들이 저급한 단계에서 선을 행한다고 함부로 정죄하지 않으며, 선과 악이라는 이분법적인 범주로 그들의 행동을 함부로 분류하지 않고, 하나님을 향하여 나아가는 과정에 있는 그들의 모습 속에서 소망을 발견할 것이다. "사랑은 모든 것을 바란다"(고전 13:7). 완전함의 내면에 있는 은혜의 공간은 이와 같은 소망을 지니도록 힘을 북돋아 준다.

가정 제단의 힘

자녀를 잘 양육하는 비결

존 패튼은 뉴 헤브리디스에 파송된 스코틀랜드 선교사였다. 그 섬들은 오늘날 바누아투라 부르는 곳으로서, 뉴질랜드에서 북쪽으로 1,600km, 피지에서 서쪽으로 650km 정도 떨어진 곳에 위치하고 있다. 1858년 11월 5일에 패튼은 서른네 살의 나이로 아내 메리 앤과 함께 탄나 섬에 도착했다.

"우리는 섬에 도착했을 때 기쁨으로 충만했다"고 패튼은 자서전에서 밝히고 있다. 그러나 "견디지 못할 엄청난 고통들이 그 기쁨의 언덕을 짓밟아버렸다!" 제일 먼저 열병이, 그 다음엔 설사가, 그리고 나서 폐렴과 일시적인 정신 착란이 차례대로 엄습했다. 3월 3일에 메리가 세상을 떠났다. "곧이어 나의 슬픔을 배가시키고 외로움을 절정에 이르게 한 불행이 다가왔다. 내가 장인어른의 이름을 따라서 피터 로버트 롭슨이라고 이름 지어주었던 사랑하는 아이가 일주일 동안 앓고 나서 3월 20일, 내 곁을 떠나 엄마에게로 갔다."

패튼은 아내와 아이를 자기 손으로 직접 묻었다. 그는 "끊임없는 기도와 눈물로 … 하나님께 그 지역을 달라고 간구했다." 그는 솔직한 마음을 털어놓았다. "예수님이 계시지 않았다면, 그리고 그분이 그곳에서 내게 허락하신 믿음의 교제가 없었다면, 아마 나는 미쳐버리거나 그 외로운 무덤 곁에서 세상과 작별했을 것이다." 패튼은 그로부터 50년이라는 험난한 세월 동안, 충성스럽게 선교 사역을 감당했다. 존 패튼의 아버지가 도대체 그를 어떻게 훈련시켰길래 그는 이와 같은 불굴의 인내를 가질 수 있었을까?

패튼의 아버지인 제임스는 열일곱 살에 그리스도를 영접했고, 얼마 지나지 않아 온 가족이 아침과 저녁에 함께 기도하는 시간을 갖자고 부모를 설득했다. 패튼은 아버지에 대해 이렇게 말했다.

> 그렇게 해서 아버지의 나이 열일곱 살 때부터 가족 기도회라는 복된 전통이 세워졌다. 아버지는 열일곱 살 때부터 임종하는 자리에 이를 때까지 단 하루도 거르지 않고 아침과 저녁에 기도하는 시간을 지켰다 … 우리 자녀들 가운데 기도하는 시간을 빼먹은 날을 떠올릴 수 있는 사람은 아무도 없다. 그 시간에는 시장이나 직장에 가려고 서두르지 않았고, 친구나 손님도 찾아오지 않았다. 어떠한 고난과 슬픔 또는 기쁨과 흥분도 그 시간을 방해하지 못했다. 우리는 대제사장이신 예수님께서 우리의 기도를 하나님께로 가져가시는 동안, 가정 제단 주위에 무릎을 꿇고 앉아 있었다. 아버지를 비롯해 모든 가족들이 그 자리에 있었다.

특별히 주일은 자녀들이 하나님과 온전한 관계를 맺고 그분과 나누는 교제를 기뻐하도록 가르칠 수 있는 최적의 기회였다.

우리가 예배드리는 곳은 토소왈드의 우리집에서 6.5km 정도 떨어진 덤프리스에 있는 개혁 장로 교회였다. 부친이 40년에 이르는 세월 동안 주일 예배에 참석하지 못한 경우는 단 세 번밖에 없었다. … 우리는 아주 어렸을 때부터 아버지와 함께 교회에 가는 것을 고통이 아니라 커다란 즐거움으로 여겼다. 어린 우리에게 교회까지 가는 6.5km의 길은 큰 기쁨을 주었다. 교회까지 동행하는 사람들도 정말 좋은 분들이었다. … 뛰어난 복음주의적 신앙을 갖춘 경건한 분들이 같은 교구에 거주하고 있었다. …

이처럼 하나님을 경외하는 농부들과 하나님의 전으로 나아가는 길에서 '교제'를 나누며, 우리 어린아이들은 크리스천들의 대화가 어떠해야 하는가를 어렴풋이 깨달을 수 있었다. 그들은 충만한 영적인 기대감을 가지고 교회로 나아갔다. 그들의 영혼은 항상 하나님을 향해 있었고, 그들이 교회에서 돌아올 때에는 설교를 통해 듣고 받은 내용들을 기꺼이 삶의 문제에 적용하기 위해 골몰했다.

그런 가정 환경 속에서 우리 열한 명의 아이들이 자라났다. 그중에서 어느 누구도 주일은 따분하고 피곤하게 만드는 날이라는 말을 한 적도, 들은 적도 없다.

그러한 아버지와 가족들이 있었기에 존 패튼은 뉴 헤브리디스의 식인 종족 사이에서 복음을 전파하는 영광스러운 직임을 수행하며 고통을 감수하고 기쁨을 얻을 수 있었다.

이제 나 자신과 당신에게 질문하고자 한다. 가정 제단이 세워져 있는가? 가족들이 하나님 말씀과 기도에 집중할 수 있는 장소와 시간이 마련되어 있는가? 그 시간은 다른 중요하지 않은 일들에 비해 우선권을 지니고 있는가? 하나님을 바라는 영혼의 기대감을 지니고 예배의 자리에 나아가는가?

존 패튼이 뉴 헤브리디스에서 40년 동안 견딜 수 있었던 것처럼 자녀들을 잘 양육하는 한 가지 비결은, 성경에 완전히 심취해 하나님을 경외하고 즐거워하는 훈련된 부모가 되는 것이다.

거룩하고 아름다운 삶

에이미 카마이클의 생애

에이미 카마이클은 1867년 12월 16일에 아일랜드의 북쪽 해안에 있는 밀라일이라는 동네에서 태어났다. 그녀는 평생 인도에서 봉사하다가 세상을 떠났다. 그녀는 그곳에서 많은 사람들에게 '사랑하는 암마(타밀어로 '엄마'라는 뜻)'라는 애칭으로 통했다. 그녀는 83세까지 살았다. 사람들은 그녀의 시신이 안치된 침대를 꽃으로 덮었다. 아이들은 한 시간 반 동안이나 노래를 불렀다. 그때가 1951년 1월 18일이었다.

그녀는 많은 고통을 당했지만 끝까지 견뎌냈다. 도대체 어떤 집안에서 이처럼 뛰어난 여성을 길러냈을까? 그녀의 삶은 방종과 거리가 멀었고, 온갖 고생으로 인해 얼굴엔 주름이 가득했지만, 하늘에 계신 아버지의 선하심을 끝까지 신뢰했다. 어떻게 하면 자녀들을 그렇게 양육할 수 있을까?

엘리자베스 엘리엇은 전기집 「에이미 카마이클」(복있는사람 간)에서 카마이클이 자란 아일랜드 집의 분위기를 희미하게 보여주었다. "아일랜드 장로교의 엄격함, 추운 바닷가의 겨울을 견뎌야 하는 고된 생활, 자녀 교육에 대한 철저한 원칙."

카마이클 집안의 아이들은 그들에게 요구되는 일들에 대해 마음으로부터 의심하지 않았다. 검은 것은 검은 것이고, 흰 것은 흰 것이었다. 부모가 하는 말을 절대적으로 따라야 했고, 그 말에 순종하지 않으면 그에 상응하는 처벌이 뒤따랐다. 다섯 가지 종류의 처벌이 있었다. 한쪽 볼을 벽에 대고 구석에 서 있기, 외출 금지, 맞기, 손바닥 맞기, 그레고리 완화제(대황, 마그네시아, 생강을 조합한 약) 먹기.

전기를 읽어보면 그레고리 완화제가 무엇인지 자세히 알 수 있다. 나는 '손바닥 맞기'를 유심히 보았다. 그것은 가늘고 검은 자로 손바닥을 때리는 벌이었다. 이 벌을 받는 아이는 손바닥을 맞으면서 손을 편 채로 내놓아야 하며 뒤로 빼거나 호들갑을 떨지 말아야 했다. 그리고 마지막으로 공손한 태도로 "어머니, 감사합니다"라는 말을 반드시 해야 했다.

불순종에 대한 이러한 처벌 뒤에는 위대한 성경적 원리가 자리잡고 있다. 심지어 ABC 방송사의 〈나이트라인〉을 진행하는 테드 코펠도 그런 원리를 알고 있었다. 그는 듀크 대학의 졸업생들에게 연설하던 중에, "네 부모를 공경하라"는 계명이 제5계명의 자리를 차지하고 있는 까닭은, 부모가 자녀들에게 하나님의 자리에 서 있기 때문이라고 말했다. 부모는 하나님이 어떠한 분인지 아이들에게 가르쳐야 할 책임을 부여받았다. "그러므로 하나님의 인자와 엄위를 보라"(롬 11:22). "주께서 그 사랑하시는 자를 징계하시고 … 너희가 참음은 징계를 받기 위함이라"(히 12:6-7).

에이미 카마이클은 자신의 힘든 삶에 다가오는 고난의 광풍이 거룩하고 사랑 많으신 하나님의 손길에서 비롯되었다는 것을 어디에서 배웠을까? 그녀는 고통을 당한 후에 "하나님 아버지, 감사합니다"라고 말하는 것을 어디에서 배웠을까? 그녀는 다음과 같이 기도하는 것을 어디에서 배웠을까?

"고통에서 벗어나지 않으며, 그 고통에 뒤따르는 고단함을 회피하지 않고, 그와 같은 모든 것들로부터 도망치지 않으려는 태도가 저에게 가장 필요합니다. 오 나의 주 하나님이시여, 나의 기도를 들어주옵소서. 당신의 용기와 인내와 불굴의 의지를 허락하옵소서. 또한 당신이 매일 베풀어주시는 풍성한 도우심에 대한 감사를 미루지 않게 하옵소서."

엘리자베스 엘리엇의 말은 전적으로 옳다. "어두움과 습기와 찬 바람을 동반하는 아일랜드 겨울의 혹독함은 노인, 청년 할 것 없이 모든 사람의 볼을 빨갛게 물들였다. 기독교 신앙에 입각한 그렇게 혹독한 교육은 어린 소녀의 마음을 그리스도의 붉은 피로 물들였다. 그런 교육이 없었다면 그녀는 평생토록 혹독한 고난의 광풍을 절대로 견뎌낼 수 없었을 것이다."

에이미는 그런 집안 분위기를 어떻게 생각하고 있었을까? 오랜 세월이 흐른 뒤에 그녀는 이렇게 말했다. "내 인생에서 그 시절보다 더 행복했던 때는 없었다."

■
좋은 씨앗은 하나님의 말씀입니다. 이 말씀이 좋은 마음밭에 떨어져 하나님의 나라가 땅끝까지 확장되고, 예수 그리스도를 본받아 그 향기를 품은 성령의 사람들이 세상에 넘쳐나길 기대합니다. 그래서 백 배, 육십 배, 삼십 배의 결실을 맺길 소망합니다(마 13:18). 천국은 좋은 씨를 제 밭에 뿌린 사람과 같기 때문입니다. 〈좋은씨앗〉은 이와 같은 소망과 기대를 품고 하나님께 출판 사역으로 쓰임 받기를 기도합니다.